创新驱动沈阳经济发展实证研究

耿乃国　赵凌飞　王笑瑢◎著

The Empirical Study on Innovation Driving Economies of Shenyang

经济管理出版社
ECONOMY & MANAGEMENT PUBLISHING HOUSE

图书在版编目（CIP）数据

创新驱动沈阳经济发展实证研究／耿乃国，赵凌飞，王笑瑢著．—北京：经济管理出版社，2019.8

ISBN 978-7-5096-6850-4

Ⅰ.①创…　Ⅱ.①耿…　②赵…　③王…　Ⅲ.①技术革新—作用—区域经济发展—研究—沈阳　Ⅳ.①F127.311

中国版本图书馆 CIP 数据核字（2019）第 171680 号

组稿编辑：高　娅
责任编辑：高　娅
责任印制：黄章平
责任校对：陈晓霞

出版发行：经济管理出版社
（北京市海淀区北蜂窝 8 号中雅大厦 A 座 11 层　100038）
网　　址：www.E-mp.com.cn
电　　话：（010）51915602
印　　刷：北京玺诚印务有限公司
经　　销：新华书店
开　　本：720mm×1000mm /16
印　　张：9.25
字　　数：152 千字
版　　次：2019 年 9 月第 1 版　　2019 年 9 月第 1 次印刷
书　　号：ISBN 978-7-5096-6850-4
定　　价：68.00 元

目录

第一章　绪论

一、研究基础

关于经济增长的思想，最早可以追溯到 18 世纪。1776 年，亚当·斯密在《国民财富的性质和原因的研究》一书中，研究了国民财富的性质和扩大商品生产的条件，并对促进或阻碍国民财富增长的原因进行了研究。他认为，劳动分工是提高劳动生产率、扩大商品生产的关键。而大规模分工合作的前提条件在于，必须有长足的资本积累为分工合作提供必需的机器和专业设备。斯密认为，储蓄是资本增加的重要源泉。他认为，当达到一定的资本积累和市场规模时，劳动分工可以大大提高劳动生产率和利润率，并增加资本积累，从而实现国民财富的持续增加。而工业革命以及运输和通信等新技术的运用和改进，又可以不断开辟新的市场和扩大对外贸易，加速国民财富增长。不过斯密也认为，当一国的土壤、劳动、自然物质等资源的潜力挖掘殆尽后，财富的增加也就无法再继续了。

19 世纪末，新古典经济学代表人物马歇尔在《经济学原理》一书中指出，经济发展是渐进的，政治、战争、自然灾难等因素虽然都可能导致经济增长出现停顿甚至逆转，但是经济增长始终是一种必然的趋势。可以通过利息率的变动来调节储蓄和投资，从而达到资本积累的目的，通过价格机制和工资的变动可以实现趋于充分就业状态的经济增长。

熊彼特（1934）在《经济发展理论：对于利润、资本、信贷、利息和经济周期的考察》一文中研究了资本主义的长期增长问题。他指出，企业家为追逐垄断利润而进行的技术创新是推动经济得以持续增长的原因。技术进步是创新的具体表现，创新不但增加了利润，而且迅速提高了资本积累。

哈罗德（1948）和多马（1946）通过模型，在假定生产资本和劳动比例不变，以及技术水平不变的前提下，得出经济增长率取决于储蓄率的结论。哈罗德—多马模型的核心思想是，资本积累是经济持续增长的决定因素。具体表现为，一定时期产出增长的源泉来自上一期的投资，即投资决定未来经济增长能力，而经济增长反过来又促进了国民收入的增长，进而为下一步扩大资本形成增加来源。

以索洛模型为代表的新古典经济增长理论放宽了哈罗德—多马模型中关于资本—产出比例不变的不合理假设，假定资本和劳动的配合比例是可以变化的，并且资本和劳动要素服从边际收益递减规律。索洛模型的结论是，经济增长率是由技术进步率、资本增长率和劳动增长率三个主要因素决定的，该模型第一次提到了技术进步对经济增长的决定性作用。新古典增长理论认为，只有在外生的技术进步的作用下，才能获得稳定的经济增长。

以罗默（1986）和卢卡斯（1988）为首的新增长理论家，摒弃了新古典增长理论中将经济增长归因为外生技术进步的观点，认为经济长期增长可通过内生化的技术进步或者人力资本积累来解释。在他们的理论中，实物资本积累不再是经济增长的动力，知识进展、研究和发展以及人力资本才是经济发展的决定性因素。

何宽（2013）运用索洛模型研究了科技进步对于浙江海洋产业的贡献

率问题。论述了层次分析法、价值分析法以及索洛余值法，并最终选用索洛余值法来计算贡献率。作者对于产出 Y、资金 K 以及劳动力 L 的取值进行了分析，认为产出 Y 应该采用可比价而非当年价；资本 K 的确定应该考虑以下三个因素：一是严格按照索洛模型中对于 K 的定义，即要对当年 Y 做出贡献；二是能够获得相关数据；三是需要利用价格指数进行调整。关于劳动力 L 的确定，何宽先后说明了劳动人数、劳动报酬分别作为 L 的衡量指标所存在的缺点，最终采用历年数据求均值的方法来确定，以此来保证数据的平稳性和测算结果的准确性。在各项因素数据确定后，利用索洛余值法，得出各因素的贡献率。

罗文英（2013）从稳态的角度对索洛经济增长模型进行了进一步的思考。她认为，索洛经济增长模型中的稳态经济“零增长”率符合物理学中惯性定律揭示的物体运动规律，是经济形式的惯性运动。由此得出三点思考。第一，根据惯性可以节能这一原理，当每年的经济总量保持不变（稳态经济“零增长”率）时，由于人们积累了足够的生产经验，可以更加合理使用甚至减少使用生产要素。也就是说，当稳态经济“零增长”所达到的经济总量能够满足人类正常的需求时，要克服对经济增长的疯狂追求和对物质财富的无限贪婪，充分利用稳态经济“零增长”率的惯性运动，节约资源、保护环境。第二，根据克服惯性需要能耗这一原理，要想实现经济正增长，需要加大生产要素投入。同时，由于惯性越大，克服所需的能耗就越大，因此，在相同数量的要素投入条件下，小经济体会比大经济体取得更快的经济增长速度。第三，稳态经济“零增长”率是一个经济增长阶段的结束。稳态经济“零增长”率也是下一轮经济增长阶段的开始，稳态经济“零增长”率连接着两轮不同增长方式的经济增长阶段，肩负着转变经济增长方式的重任。

徐士元、何宽、樊在虎（2014）从贡献率的角度对索洛经济增长模型进行了重新审视。索洛经济增长模型为测算科技进步贡献率提供了一种有效的方法，即索洛余值法。该方法一直以来都得到了广泛应用，而徐士元等学者则从假设条件、生产要素两方面指出了索洛模型的局限性。他们认为，应该将综合要素科技中的其他重要因素从科技中分离出去。同时，将包含在劳动、资本中的技术因素归到科技贡献中。由此，测算得出的是一个狭义的、纯粹科技进步的贡献率。

崔诗禹（2015）认为，当前辽宁经济仍然是依靠投资拉动的，人力资本对经济增长的作用并不十分明显，但人力资本具有明显的外部性。人力资本存量是推动经济发展的主要力量之一，人力资本存量的提高有利于知识技术的进步，它能通过生产、外溢等诸多效应影响经济的增长。因此，辽宁改善人力资本存量迫在眉睫。赵诗禹认为，辽宁经济增长的动力仍然存在，人力资本对经济增长的潜在影响十分巨大，在物质资本投入对经济增长的影响作用显现出瓶颈的情况下，人力资本势必会成为引领辽宁经济增长和产业转型的新动力。

赵玉红（2016）认为，辽宁经济发展进入一个调整阶段，结构性因素是造成辽宁经济下降幅度较大的主要因素。大力调整产业结构，解决深层次体制性、机制性、结构性矛盾是“十三五”时期辽宁经济发展中的重要任务。新一轮东北振兴中要以新理念引领新发展，把创新作为内生发展动力的主要生成点，着力推进结构转型升级，注重培育新产业、新模式、新业态等新的经济增长点形成，着力保障和改善民生，使发展成果更多更公平地惠及全体人民。

二、研究方法

本书主要采用文献调查法、定性和定量相结合的研究方法，对主要内容进行深入研究。通过文献调查法对区域经济和沈阳市经济有更加全面和深入的了解，之后通过定性和定量相结合的方法，收集大量数据，分析经济现状，并通过实证软件，验证分析结果。

（一）文献调查法

所参考的文献均来自图书、期刊以及网络。在进行本书写作过程中，在图书馆查阅了关于区域经济增长方面的书籍，进一步充实了本书所需要的理论基础知识，使本书的可行性得以提高。在期刊方面，主要是对具有代表性和时代性的文章进行了阅读，了解关于沈阳市经济增长的相关研究成果以及沈阳市经济发展的变迁，为本书写作的实际意义提供了依据。最后，检索了中国知网以及中国期刊网上的相关硕博士学位论文，并且认真研究分析了他们的论文，对他们论文中所用的研究方法进行了总结，从而使本书思路得到进一步的完善，并且通过对国家统计局以及《辽宁统计年鉴》等相关数据进行整理分析，进一步完善了本书的研究内容。

（二）定性和定量结合的方法

首先是定性方面。通过对宏观经济学中所介绍的经济增长理论的学习，分析总结了劳动、资本和技术对经济增长的影响机制，重点突出技术进步对经济增长的贡献。然后将其与沈阳市的实际情况相结合，对沈阳市的经济增长情况进行了研究。其次是定量方面。本书所需要的数据都是在国家统计局以及辽宁省、沈阳市统计信息网等相关网站上查找的，通过对相关数据的查找，整理了 1995~2015 年就业人数情况、固定资产投资情况以及技术方面的各项投入情况。利用实证软件，测算并分析劳动、资本和技术对经济增长的贡献率。同时，根据测算结果，进一步分析研究科技人力投入、财力投入、物质投入等对经济增长的影响程度。

第二章　沈阳市经济发展状况研究

一、GDP 总量

地区生产总值是反映一个地区整体经济情况比较有效的衡量指标。沈阳市作为东北地区的中心城市，在东北地区经济发展中占有重要的地位。

1978~2002 年，沈阳市的地区生产总值增长缓慢，尤其是 1978~1992 年。1978 年，计划经济开始向市场经济转变，随着国企改革以及投资、价格、财税、金融、外贸、外汇管理等方面的综合配套改革，沈阳市乃至辽宁省的经济进行缓慢的增长。1992 年，邓小平同志"南方谈话"后，辽宁省对外开放发生了质的飞跃，沈阳市建成了国家级经济开发区，对外开放程度进一步加大。同时，以企业改革为中心的经济体制改革初见成效，给沈阳市的经济发展带来了空前的活力。

2003 年，国家开始实施东北老工业基地振兴战略，借助这一契机，沈阳市通过大规模的结构调整、战略重组和搬迁改造，着力构筑以大型骨干企业为主导、基础装备产业园为配套的现代装备制造业体系，东部汽车、西部装备制造的新型发展格局快速形成，铁西区改造的成功效应不断放大，沈西工业走廊和高新技术开发区作用凸显，产业结构和产业生态环境逐步改善，对辽宁中部城市群装备制造业发展的核心、支撑、辐射、带动作用不断加强。由此可见，沈阳市开始了飞速的经济发展，地区生产总值从 2003 年的 1501.9 亿元增加到 2012 年的 6602.6 亿元，增加了 4 倍多。2016 年 GDP 直接减少了 1812.3 亿元（见图 2-1）。

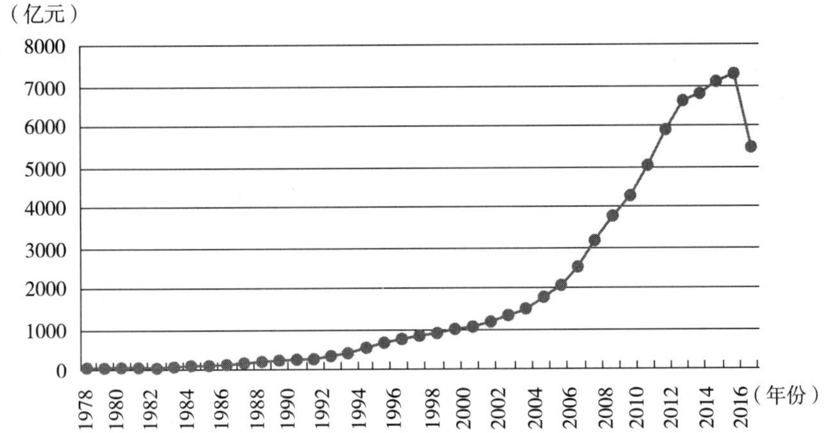

图 2-1　1978~2016 年沈阳市 GDP 情况

资料来源：《沈阳统计年鉴》。

二、GDP 增长

相较于总体上升的地区生产总值，GDP 增长速度更能反映沈阳市的经济发展趋势与前景。将沈阳市的 GDP 增长速度与长春、哈尔滨、大连以及全国平均水平做对比分析，从而更加直观地了解沈阳市的经济增长情况（见图 2-2）。

沈阳与大连、长春、哈尔滨的 GDP 增速整体较为接近。2000~2004

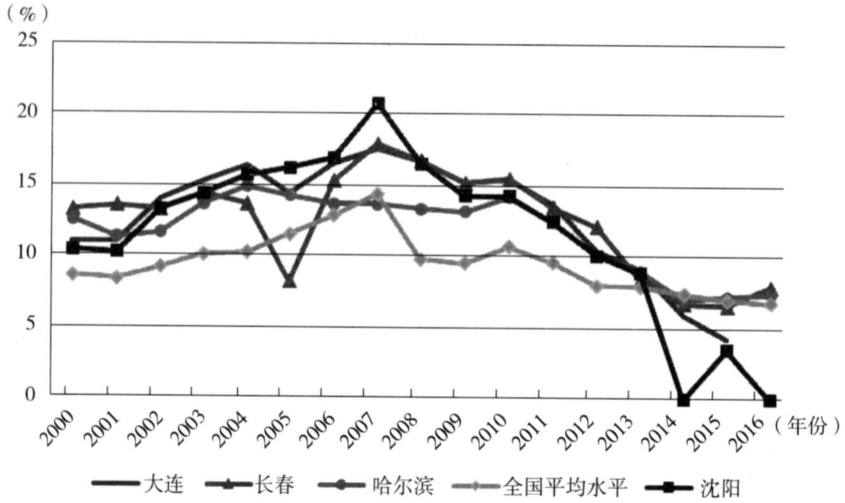

图 2-2　2000~2016 年部分城市 GDP 增速情况

注：大连市 2016 年 GDP 增速数据缺失。

资料来源：各城市统计年鉴。

年，与长春、哈尔滨相比，沈阳的 GDP 增速更快，2000 年沈阳 GDP 增速明显低于其余两个城市，但到 2004 年，沈阳 GDP 增速则明显高于长春、哈尔滨，可以看到在这段时间，沈阳的经济得到了显著的发展。与大连相比，沈阳的 GDP 增速略低，二者相差基本不到 1%。2005~2007 年，沈阳、大连、长春的经济有了快速发展，GDP 增速连年提高，哈尔滨 GDP 增速也只是略有下降，2003 年国家提出的东北地区老工业基地振兴战略初见成效。2008 年、2009 年受全球经济危机的影响，四个城市的 GDP 增速均明显下降。2010~2016 年，受到外部性、周期性原因的影响，全国经济增速放缓，沈阳、大连等四个城市也是如此，沈阳的 GDP 增速下降明显快于别的城市，这则有着沈阳市，乃至整个辽宁省自身的特殊原因。随着辽宁省产业结构不合理、国企机制与市场不相适应等问题的逐渐暴露，辽宁省的经济出现断崖式下降，2015 年、2016 年沈阳、大连的 GDP 增速已远远低于长春、哈尔滨。

与全国平均水平相比，沈阳 GDP 增速的变动情况与全国平均水平基本相符。其中，2014 年以前，沈阳的 GDP 增速远远高于全国平均水平，2014~2016 年这三年则远远低于全国平均水平。在国际贸易增速放慢、制造业产能过剩等问题的影响下，我国的经济形势整体呈放缓趋势，在这个环境下，沈阳乃至辽宁省呈现更为严峻的经济下滑态势。

三、产业结构

产业结构主要研究的是农业、轻工业、重工业、建筑业、商业服务业等部门之间的关系。在我国，产业结构主要体现在第一产业、第二产业、第三产业增加值分别占地区生产总值的比重。

从整体变化上来看，第一产业所占比重整体降低，第二产业所占比重整体降低，第三产业所占比重整体增加（见表 2-1）。

表 2-1　1978~2016 年沈阳市产业结构变化情况　　单位：%

年份	第一产业	第二产业	第三产业	年份	第一产业	第二产业	第三产业
1978	9.0	65.9	25.0	1989	7.5	50.7	41.7
1979	10.4	64.9	24.7	1990	10.1	45.6	44.3
1980	11.5	64.0	24.5	1991	10.0	44.5	45.5
1981	13.7	58.8	27.5	1992	9.0	46.1	44.9
1982	13.4	60.7	26.0	1993	8.2	46.1	45.7
1983	15.6	54.5	29.9	1994	8.1	44.6	47.3
1984	14.5	55.5	30.0	1995	7.6	42.3	50.0
1985	9.7	57.3	32.9	1996	7.3	40.4	52.2
1986	9.2	57.4	33.3	1997	7.1	40.7	52.1
1978	9.5	55.3	35.2	1998	7.2	39.9	52.9
1988	10.4	51.3	38.4	1999	7.2	39.3	53.5

续表

年份	第一产业	第二产业	第三产业	年份	第一产业	第二产业	第三产业
2000	7.0	39.0	54.0	2009	4.9	49.8	45.3
2001	6.8	38.0	55.2	2010	4.6	50.4	44.9
2002	6.6	37.4	56.0	2011	4.7	51.2	44.1
2003	5.9	39.8	54.3	2012	4.8	51.2	44.0
2004	6.4	41.0	52.6	2013	4.8	50.4	44.8
2005	6.1	43.5	50.4	2014	4.6	49.9	45.5
2006	5.4	45.2	49.4	2015	4.7	47.8	47.5
2007	5.3	47.5	47.3	2016	4.9	39.1	56.0
2008	4.9	49.3	45.8				

资料来源：《沈阳统计年鉴》。

从三者结构来看，沈阳第一产业所占比重始终最小，第二产业与第三产业比重呈现阶段性变化。其中，1978~1990 年，第二产业比重高于第三产业，但同时，第二产业比重也在不断下降，第三产业比重不断上升。这主要是由于 1978 年改革开放以后，沈阳乃至辽宁老工业基地进入了一个新的发展时期。宏观经济体制的改革，必然带动微观国有企业内部组织结构和产业结构的转型。随着改革的不断深入，辽宁工业经济发展的状况发生了明显的变化，在产业结构方面则体现为第三产业比重上升，第二产业比重下降，结构关系趋于合理。进入 20 世纪 90 年代后，在向市场经济转轨的过程中，多数大型国有企业囿于传统计划经济体制的束缚，在沉重的历史包袱的重压下，难以适应市场的变化，不能应对竞争的冲击，不能满足技术进步和结构调整的要求，企业经营机制僵化，观念陈旧，设备严重老化，技术工艺落后，产品大量积压，生产经营困难，企业效益大幅度下滑，工业经济发展步履维艰，工业增长速度不断下滑，反映在产业结构中，则是第二产业比重的进一步下降以及第三产业比重的反超。经过了一段艰难的跋涉，沈阳乃至整个辽宁从传统计划经济体制的桎梏中摆脱出来，并逐步地走上了市场经济的运行轨道。2003 年开始，第二产业比重开始回升，第三产业比重略有下降。随着产业结构的不断升级优化，沈阳市三大产业的产业结构逐渐趋于合理，2016 年沈阳市第一、第二、第三产业的比重为 4.9∶39.1∶56。

四、产业增长

沈阳市第二产业增长速度的变动情况与 GDP 增长速度的变动情况基本一致（见图 2-3）。由此可以说明，沈阳市的 GDP 的增长速度更多的是由第二产业来决定的。2015 年，相较于 2014 年，第二产业增长速度由 5.3%降低到了 0.2%（见表 2-2），对应的 GDP 增长速度由 6%降低到了 3.4%。同时，根据《沈阳市国民经济和社会发展统计公报》（2015 年）数据显示，占沈阳市规模以上工业增加值 52.5%的装备制造业增加值下降了 2.2%。可见，曾经的优势产业的下滑，导致了沈阳市经济形势的急剧恶化。如何使沈阳装备制造业重新焕发活力，带领沈阳经济发展成为一个值得关注的课题。

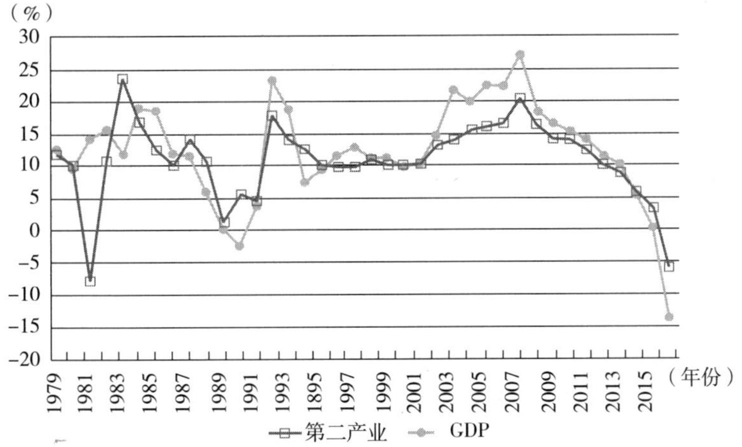

图 2-3　1979~2016 年沈阳市第二产业与 GDP 增长速度情况

资料来源：《沈阳统计年鉴》。

表 2-2 1979~2016 年沈阳市三大产业增长速度 单位:%

年份	GDP	第一产业	第二产业	第三产业	年份	GDP	第一产业	第二产业	第三产业
1979	11.9	7.7	12.5	11.6	1998	10.9	14.8	11.2	9.8
1980	10.2	27.5	9.5	6.8	1999	10.0	7.7	11.1	8.7
1981	-7.7	4.5	14.1	6.6	2000	10.3	1.9	9.8	12.4
1982	10.8	0.4	15.6	5.3	2001	10.1	6.4	10.2	10.5
1983	23.6	42.1	11.6	43.3	2002	13.1	8.0	14.6	12.5
1984	16.8	7.0	18.9	17.3	2003	14.2	6.8	21.6	8.1
1985	12.4	-29.9	18.4	18.3	2004	15.5	14.2	19.8	11.1
1986	10.0	-3.0	11.7	10.0	2005	16.0	9.4	22.3	11.7
1987	14.2	12.7	11.4	19.8	2006	16.7	4.1	22.2	13.6
1988	10.6	17.9	5.9	17.3	2007	20.5	6.1	27.0	16.1
1989	1.2	-26.1	0.1	8.3	2008	16.3	8.0	18.3	15.0
1990	5.5	44.2	-2.6	12.1	2009	14.1	7.3	16.4	12.3
1991	4.4	6.4	3.8	4.5	2010	14.1	6.0	15.2	13.7
1992	17.8	13.2	23.1	13.3	2011	12.3	6.5	14.0	11.0
1993	14.1	9.1	18.7	10.0	2012	10.0	5.1	11.3	8.9
1994	12.5	-9.6	7.4	11.6	2013	8.8	4.6	10.1	7.6
1995	9.9	3.0	9.5	11.7	2014	6.0	3.2	5.3	6.9
1996	10.0	5.8	11.4	8.9	2015	3.4	3.5	0.2	6.8
1997	10.0	1.8	12.8	7.5	2016	-5.8	-17.8	-13.7	2.3

资料来源:《沈阳统计年鉴》。

五、行业增长

根据国家行业分类，国民经济行业可以分为农业、工业、建筑业等 17 类。通过数据收集与分析，统计出 2013~2015 年沈阳市占 GDP 比重较大的几个行业（见表 2-3）。

表 2-3　2013~2015 年沈阳部分行业增长情况　　单位：%

行业	行业增加值占 GDP 比重			行业增长速度		
	2013 年	2014 年	2015 年	2013 年	2014 年	2015 年
工业	45.07	44.55	42.47	0.11	3.66	-2.32
批发和零售业	8.74	8.95	9.52	-0.53	7.43	9.05
金融业	5.70	6.26	6.98	15.83	15.12	14.32
建筑业	5.47	5.42	5.36	10.18	3.77	1.34
房地产业	5.06	4.28	3.90	-1.41	-11.24	-6.68
农业	4.96	4.78	4.90	6.45	1.18	4.94
交通运输、仓储和邮政业	4.36	4.56	4.81	4.70	9.66	8.14
信息传输、软件和信息技术服务业	2.91	3.42	4.01	—	23.23	19.96

注：因 2012 年国民经济行业分组采用 2002 年国民经济行业目录和代码，部分行业不同于 2013 年，故表 2-3 中有缺失值。

资料来源：《沈阳统计年鉴》。

根据表 2-3，从行业增加值占 GDP 的比重来看，沈阳经济发展的支柱行业主要是工业、批发和零售业；金融业、建筑业、房地产业占比较为接近；信息传输、软件和信息技术服务业占 GDP 的比重在逐渐上升。从行业增长速度来看，作为沈阳经济发展的绝对支柱，工业的增长不尽理想，同时，建筑业的增长速度也在急剧下降，房地产业更是连年负增长。信息传输、软件和信息技术服务业增长速度较快，有望成为未来沈阳经济增长的新动力。

在工业中，制造业增加值占 GDP 最大，其近年较低的增长速度对于工业，乃至沈阳市经济发展的影响无疑很大（见表 2-4）。

装备制造业占据了沈阳规模以上工业增加值的一半，是沈阳规模以上工业的支柱产业。从其增长速度来看，则呈现了急剧下降的趋势（见表 2-5）。

表 2-4　2013~2015 年沈阳工业增长情况　　单位:%

工业	增加值占 GDP 比重			增长速度		
	2013 年	2014 年	2015 年	2013 年	2014 年	2015 年
采矿业	0.92	0.88	0.81	-15.75	0.54	-6.10
制造业	39.71	39.21	37.38	-7.01	3.56	-2.33
电力、燃气及水的生产和供应业	4.44	4.46	4.28	—	5.22	-1.50

注：因 2012 年国民经济行业分组采用 2002 年国民经济行业目录和代码，部分行业不同于 2013 年，故表 2-4 中有缺失值。

资料来源：《沈阳统计年鉴》。

表 2-5　2013~2016 年沈阳装备制造业增长情况　　单位:%

年份	占规模以上工业增加值比重	占 GDP 比重	增长速度
2013	49.50	25.76	12.10
2014	49.57	25.24	8.30
2015	52.53	18.93	-2.20
2016	65.00	14.40	-42.00

资料来源：《沈阳统计年鉴》。

2013~2015 年，除了汽车及零部件制造业占规模以上工业增加值比重增加以外，其余四大产业均为下降。增长速度方面，则五大产业无一例外全部连年下降，2015 年更是全面负增长（见表 2-6）。

表 2-6　2013~2015 年沈阳五大优势产业增长情况　　单位:%

产业	占规模以上工业增加值比重			占 GDP 比重			增长速度		
	2013 年	2014 年	2015 年	2013 年	2014 年	2015 年	2013 年	2014 年	2015 年
汽车及零部件制造业	12.95	14.69	19.39	6.74	7.48	6.99	20.30	13.60	-0.50
建筑产品制造业	9.30	9.66	7.36	4.84	4.92	2.65	8.40	8.10	-3.30

续表

产业	占规模以上工业增加值比重			占 GDP 比重			增长速度		
	2013 年	2014 年	2015 年	2013 年	2014 年	2015 年	2013 年	2014 年	2015 年
农副产品加工制造业	19.02	19.28	18.61	9.90	9.82	6.71	7.00	0.90	-3.40
化工产品制造业	4.86	4.82	4.91	2.53	2.45	1.77	8.40	0.50	-2.50
钢铁及有色金属冶炼及压延业	5.17	5.00	3.94	2.69	2.55	1.42	12.30	-3.30	-4.10

资料来源：《沈阳统计年鉴》。

无论是装备制造业，还是五大优势产业，均在沈阳经济发展中占据了重要地位，近年来它们的表现也切实拉低了沈阳的经济水平。一直以来，沈阳的产业结构以重化工业为主，随着我国经济进入新阶段，市场需求在变化，产业结构在调整，传统重化工业需求在下降，产能出现过剩。而沈阳的企业由于受限于体制机制，市场适应能力较弱，结构调整缓慢，受市场萎缩的冲击较大，企业订单严重减少。

沈阳制造业迫切需要走创新驱动之路，发展培育新动能，引入开发新思想、新研发、新技术、新模式、新产品、新产业，从供给侧进行改革，生产适应市场的产品。

六、企业绩效

企业是经济运行的主体，企业绩效从微观层面反映了一个地区的经济状况。对沈阳规模以上工业企业的绩效情况进行分析，主要用到的指标是主营业务收入、利润总额、亏损企业亏损额、企业存货、工业经济效益综合指数。

工业经济效益综合指数是综合衡量工业经济效益各个方面在数量上总体水平的一种特殊相对数，是反映工业经济运行质量的总量指标，它可以用来考核和评价各地区、各行业乃至各企业工业经济效益的实际水平和发展变化趋势，反映整个工业经济运行质量和效益状况的全貌。

主营业务收入 2010~2014 年为逐年递增，其中，2011 年、2012 年增长率保持在 15%以上，2013 年、2014 年增速明显放缓，2015 年增速为-32.5%。

利润总额 2010~2013 年增速较稳定，2014 年出现负增长，2015 年更是从 740 多亿元锐减到 440 多亿元。

亏损企业亏损额除了 2011 年有小幅减少以外，亏损企业的亏损额始终在高速增加，亏损企业面临的形势日益严峻。

企业存货近年来呈现稳定的增长态势，这对企业来说是一个积极的信号，体现了企业的实际运营能力。

资产负债率 2010~2015 年有增有减，2015 年相较于前几年而言有了明显的增加，达到了 59%，这也与企业经营状况下滑有密切的关系。

工业经济效益综合指数 2010~2013 年呈正向增加，2014~2016 年则连年下降，反映出近年来沈阳规模以上工业企业经济效益不甚理想（见表 2-7）。

表 2-7 2010~2015 年沈阳规模以上工业企业部分经济指标

年份	主营业务收入（万元）	利润总额（万元）	亏损企业亏损额（万元）	企业存货（万元）	资产负债率（%）	工业经济效益综合指数（%）
2010	93996232	6732504	191246	6826591	54.48	302.31
2011	108436558	7125752	178451	7460101	51.99	340.73
2012	126090451	7304621	317819	8132364	53.93	354.34
2013	134263122	7724545	394450	8992009	53.65	391.28
2014	135960871	7470761	444253	9548954	53.76	371.40
2015	91813302	4466270	761205	9928882	59.00	310.60
2016	—	—	—	—	—	227.74

资料来源：《沈阳统计年鉴》《沈阳市国民经济和社会发展统计公报》。

沈阳规模以上工业企业总体经济效益较差，无论是主营业务收入还是利润总额，均有明显减少，而亏损企业的经济效益也有进一步恶化的趋势。同时，结合关于沈阳装备制造业等行业的分析，在沈阳工业中占据重要比重的装备制造业以及五大优势产业近年来均呈现了负向增长。

未来的沈阳制造业以及规模以上工业企业应以生产高科技含量产品，切实满足市场需求为目标，进一步发展科技创新，从传统向新兴过渡。

七、投资消费净出口

资本形成总额指常住单位在一定时期内获得减去处置的固定资产和存货的净额。最终消费指常住单位为满足物质、文化和精神生活的需要，从本国经济领土和国外购买的货物和服务的支出。货物和服务净出口指货物和服务出口减去货物和服务进口的差额。它们三者即我们通常意义上的拉动经济增长的“三驾马车”。

根据美国发展经济学家钱纳里的观点，在工业化时期，随着经济增长，投资率存在一个从低到高、再从高到低并趋于稳定的演变过程，绝大多数国家在经济达到中等收入水平后消费结构升级加速、消费率上升，消费成为支撑经济增长的主要动力。

图 2-4 是 2000~2015 年沈阳的投资、消费及净出口情况。

2000~2013 年，投资、消费的整体趋势是上升的，同时，投资额高于消费额；2014 年、2015 年，投资开始有下降的趋势。净出口在过去 15 年中则始终呈下降趋势，并且其数值相较于投资和消费而言非常小。

图 2-5 是沈阳投资、消费、净出口三者对 GDP 的贡献情况。

从变动趋势上来看，投资对 GDP 的贡献情况总体呈上升趋势，消费对 GDP 的贡献情况变化较为平稳，净出口对 GDP 的贡献情况总体上呈下降

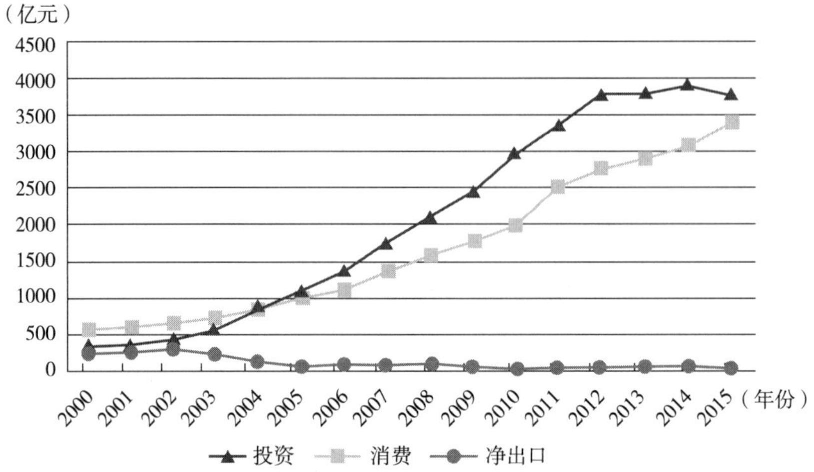

图 2-4　2000~2015 年沈阳市投资、消费、净出口情况

资料来源：《沈阳统计年鉴》。

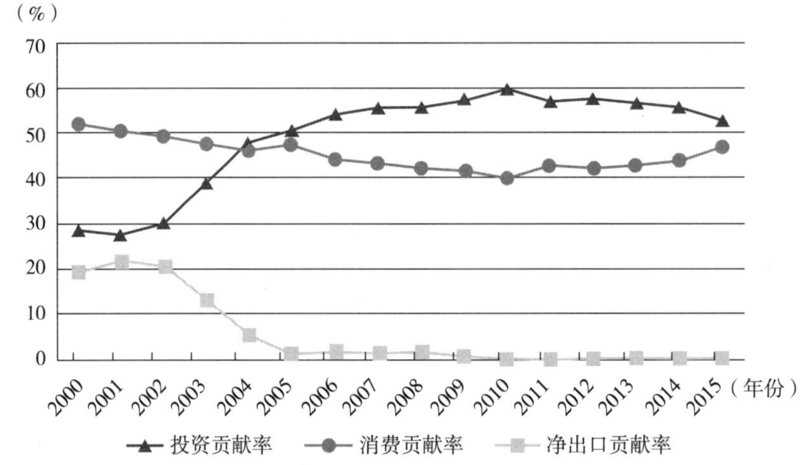

图 2-5　2000~2015 年沈阳市投资、消费、净出口三者对 GDP 的贡献率

资料来源：《沈阳统计年鉴》。

趋势。从结构上来看，作为拉动经济增长的“三驾马车”，2000~2004 年，消费是经济增长的主要动力，2004~2015 年，投资成为沈阳经济增长的主要动力，随着东北老工业基地振兴战略的逐步实施与开展，国家政策、资金和项目支持基本到位，沈阳这期间迎来了经济的高速发展。而净出口对经济增长的拉动作用则很小，近几年贡献率不到1%。

目前，沈阳的经济增长仍然主要依靠投资拉动。据有关数据显示，2016年，我国消费对GDP增长的贡献率达到71%，高于历年同期水平，相比之下，投资贡献率下降到36.8%，净出口对GDP增长为负贡献7.8%。由此可见，沈阳的经济结构尤其是需求结构仍有很大的调整空间，虽然目前已经极大地减少了对净出口的依赖，但是仍然需要继续调整，进一步降低对投资的依赖，将扩大内需作为经济增长的主要动力。

第三章　辽宁省经济发展状况研究

根据经济学理论可知，劳动、资本和技术是影响一个经济体的主要要素。索洛模型认为，资本对经济增长的促进作用有限。表现在随着人均资本的增加，人均资本增长率逐渐趋近于零，最终导致人均 GDP 增长率逐渐趋近于零。技术进步才是维持经济持续增长的主要动力。

一、GDP 总量

地区生产总值是反映一个地区整体经济情况比较有效的衡量指标。辽宁省作为老牌的重工业基地，在新中国成立初期，曾经为我国经济的发展做出过重要贡献。随着改革开放和我国经济转型的不断开展，辽宁省经济增长逐渐遇到瓶颈，面临着经济增长方式转变的问题，如今，更是面临经济增长下行的压力。

1995 年，辽宁省地区生产总值为 2793.37 亿元，之后，一直保持连年增加的态势，2003 年起辽宁省地区生产总值有了较为明显的增加（见表 3-1）。2003 年，国家正式提出振兴东北老工业基地，政府出台的一系列政策措施，有效地推动了辽宁省经济的发展。2004 年和 2005 年的辽宁省地区生产总值增速达到 12%以上。在经过经济高速发展之后，2013 年、2014 年和 2015 年的地区生产总值增加幅度明显减少，尤其是 2015 年，增加值只有 581. 12 亿元。经济形势开始变得严峻起来。

表 3-1　1995~2015 年辽宁省实际地区生产总值　　单位：亿元

年份	地区生产总值	年份	地区生产总值
1995	2793. 37	2006	8139. 24
1996	3033. 6	2007	9360. 13
1997	3303. 59	2008	10614. 38
1998	3577. 79	2009	12004. 87
1999	3871. 17	2010	13709. 56
2000	4215. 70	2011	15382. 12
2001	4595. 11	2012	16843. 43
2002	5063. 82	2013	18308. 80
2003	5646. 15	2014	19370. 71
2004	6368. 86	2015	19951. 83
2005	7152. 23		

资料来源：根据历年《辽宁省国民经济和社会发展统计公报》相关指标计算而得。

二、GDP 增长

本章在此对辽宁省、河北省、山东省、吉林省和黑龙江省近 10 年来的地区生产总值增长率进行了研究。河北省、山东省是与辽宁省地理位置上相邻的省份，地理环境比较相似；吉林省和黑龙江省则与辽宁省有相似的历史背景和政策环境，它们同属于东北老工业基地；全国平均水平可以理解为一种标杆，通过与全国平均水平作比较，可以看出辽宁省经济增速在全国的位置，是拉低还是抬高全国平均水平。因此，选择这四个省份与辽宁省进行比较，外加全国平均水平，更能体现辽宁省的当前经济状况。

辽宁等五省的地区生产总值增长率从10%以上下降到了2015年的10%以下，其中辽宁省的增长率下降幅度最大。与全国平均水平相比，在2013年及以前，辽宁等五省的增长率仍能领先于全国平均水平；2010年及以前，辽宁省的增长率比全国平均水平高出三个多百分点；2014年和2015年，除了山东省能够分别保持8.7%和8.0%的增速以外，其余四省均低于全国平均水平，辽宁省地区生产总值增长率更是低至3%，远低于全国平均水平，排名全国最后一名（见表3-2）。由此可见，辽宁省的经济状况不容乐观，需要对其进行进一步的分析以及提出相关政策建议。

表3-2　2005~2015年全国部分省份地区生产总值增长率　　单位：%

年份	2005	2006	2007	2008	2009	2010	2011	2012	2013	2014	2015
辽宁	12.3	13.8	15.0	13.4	13.1	14.2	12.2	9.5	8.7	5.8	3.0
河北	13.4	13.2	12.8	10.1	10.0	12.2	11.3	9.6	8.2	6.5	6.8
山东	15.2	14.7	13.8	12.1	11.9	12.5	10.9	9.8	9.6	8.7	8.0
吉林	12.0	15.0	16.1	16.0	13.3	13.7	13.7	12.0	8.3	6.5	6.5
黑龙江	11.6	12.0	12.1	11.8	11.1	12.6	12.2	10.0	8.0	5.6	5.7
全国平均水平	6.9	10.6	11.4	9.6	9.2	10.4	9.3	7.8	7.7	7.4	6.9

注：地区生产总值增长率均为剔除价格因素影响的实际增长率。

资料来源：辽宁省、河北省、山东省、吉林省、黑龙江省历年《国民经济和社会发展统计公报》。

三、人均GDP总量

人均GDP相较于GDP总量更能真切地反映出某一地区人民的生活水平和经济水平，因此其作为某一地区调整经济政策的依据更具有说服力。

辽宁省2000~2015年的人口总数增长跨度较小，数据范围在4150万~4400万人，2000年辽宁省总人口为4184万人，2015年为4382万人；辽宁省实际地区生产总值有大幅度的增加，数据范围在 4000 亿~20000 亿元，2000 年为 4215.7 亿元，2015 年为 19951.83 亿元。较为平稳的人口总数的情况下的地区生产总值大幅度增加，带动了辽宁省人均 GDP 的大幅度增加。2000~2015 年，辽宁省人均 GDP 呈稳定增长态势，由 2000 年的 10075.77 元增加到 2015 年的 45527.18 元，是 2000 年的 4.5 倍（见表 3-3、图 3-1）。这体现出辽宁省近些年在经济增长方面取得了一定的成就。

表 3-3　2000~2015 年辽宁省人口总数以及实际人均 GDP

年份	人口总数（万人）	人均 GDP（元）	年份	人口总数（万人）	人均 GDP（元）
2000	4184	10075.77	2008	4315	24598.80
2001	4194	10956.40	2009	4341	27654.61
2002	4203	12048.10	2010	4375	31336.13
2003	4210	13411.29	2011	4383	35094.97
2004	4217	15102.83	2012	4389	38376.45
2005	4221	16944.40	2013	4390	41705.70
2006	4271	19056.99	2014	4391	44114.58
2007	4298	21777.86	2015	4382	45527.18

资料来源：根据历年辽宁省《国民经济和社会发展统计公报》相关数据整理计算而得。

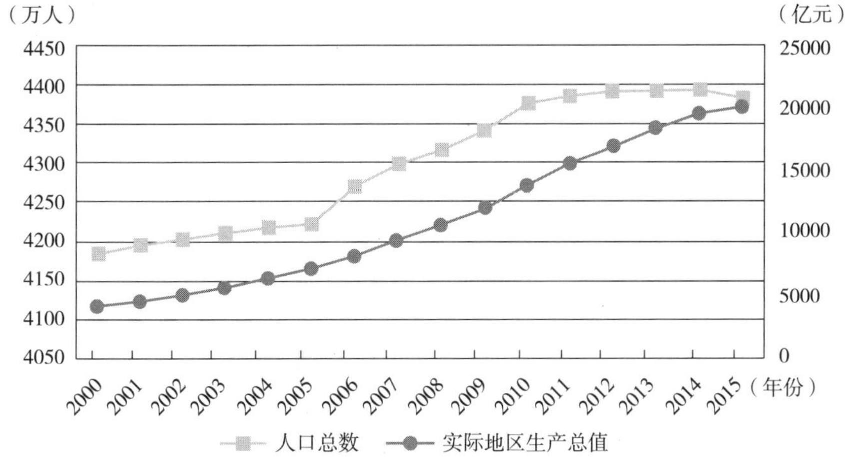

图 3-1　2000~2015 年辽宁省人口总数和地区生产总值

资料来源：历年《辽宁省国民经济和社会发展统计公报》。

四、人均 GDP 增长

随着辽宁省经济总量的不断增长，人均 GDP 也有了大幅度的增加，在 2001~2015 年的 15 年中，人均 GDP 翻了将近 6 倍，看起来较为可观。但是从增长速度方面来看，增长率更能体现经济的长期趋势。

2001~2007 年，辽宁省的人均 GDP 保持着较为平稳的增长速度，年平均增长速度为 11.21%；但是，自 2007 年起，辽宁省的人均 GDP 增长速度开始波动式下降，从 2007 年的 14.28% 下降为 2015 年的 3.2%。2007~2015 年辽宁省的人均 GDP 增长速度下降趋势十分明显（见图 3-2）。

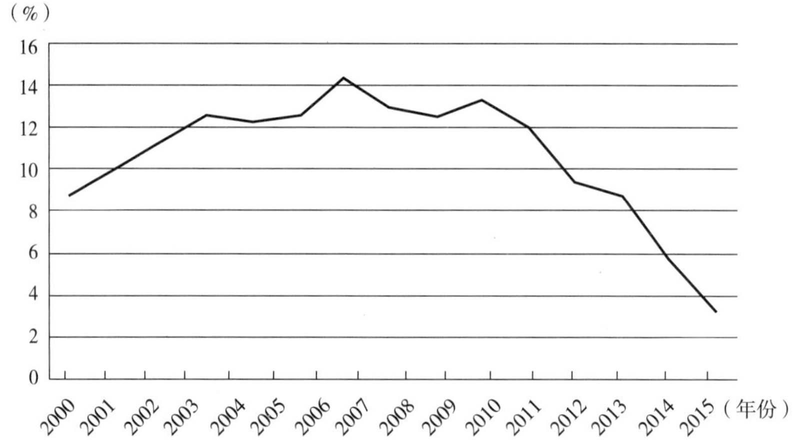

图 3-2　2000~2015 年辽宁省人均 GDP 增长速度

注：人均 GDP 增长率均为剔除价格因素影响的实际增长率。

资料来源：历年《辽宁省国民经济和社会发展统计公报》。

五、产业结构

产业结构主要研究的是农业、轻工业、重工业、建筑业、商业服务业等部门之间的关系。在我国，产业结构以三大产业为划分依据。通俗来讲，产业结构主要体现在第一产业、第二产业、第三产业增加值分别占地区生产总值的比重。根据产业结构理论，产业结构应不断进行优化升级，即产业结构重心由第一产业向第二产业转移，第二产业再向第三产业转移的过程。在这个过程中，产业结构逐渐实现合理化和高度化。

1999~2015 年，第一产业增加值占地区生产总值比重呈逐渐减少的态势，第二产业比重波动式上升，其中 2003~2011 年，辽宁省第二产业比重逐年增加（见图 3-3）。2003 年 10 月，中共中央、国务院发布《关于实施

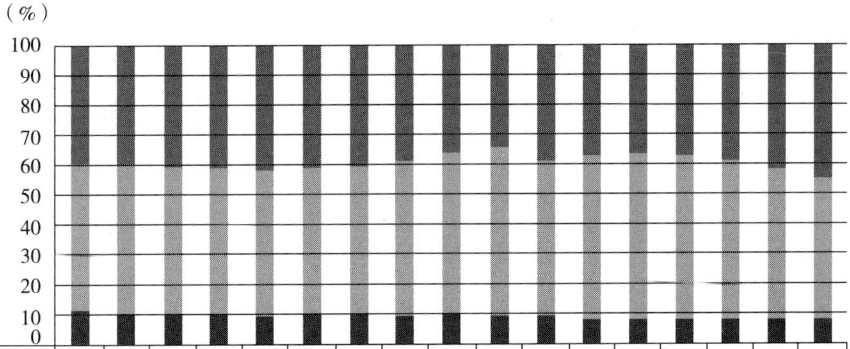

年份	1999	2000	2001	2002	2003	2004	2005	2006	2007	2008	2009	2010	2011	2012	2013	2014	2015
第三产业	39.4	39.7	40.6	41.4	42.1	41.1	40.5	38.5	36.4	34.5	38.7	37.1	36.1	37.5	38.7	41.8	45.1
第二产业	48.0	49.4	48.6	47.8	47.5	47.7	48.8	51.0	52.9	55.8	51.9	54.0	55.2	53.8	52.7	50.2	46.6
第一产业	12.6	10.9	10.8	10.8	10.4	11.2	10.7	10.5	10.7	9.7	9.4	8.9	8.7	8.7	8.6	8.0	8.3

■第一产业 ■第二产业 ■第三产业

图 3-3 1999~2015 年辽宁省产业结构变化情况

资料来源：历年《辽宁省国民经济和社会发展统计公报》。

东北地区等老工业基地振兴战略的若干意见》，正式提出了振兴东北老工业基地战略，针对东北地区的产业特点提出多项有利政策，如提高对东北老工业基地调整改造项目的中央预算内资金支持比例；继续调整钢铁工业产品结构；加大资源勘探开发和对外合作力度；优化提升石化产业等。在国家政策的扶持下，辽宁省工业有了较好的发展，其在地区生产总值中的比重也逐渐增加。根据产业结构优化理论，辽宁省第一产业比重的减少以及第二产业比重的增加，无疑是辽宁省产业结构逐步优化的一个体现。

辽宁省第三产业比重在1999~2003年逐年增加；从2003年起，一直到2008年，其比重在不断下降，2008年的34.5%甚至低于1999年的水平；2009年，第三产业比重开始上升，2015年达到45.1%。显然，辽宁省第三产业的比重变化受到了第二产业发展的影响，作为一个传统的老工业基地，辽宁省工业基础根深蒂固，第三产业基础薄弱，发展困难重重。

截至2015年，辽宁省的第一、第二、第三产业的比重为8.3：46.6：45.1，仍然是第二产业为主，第三产业为辅的格局。根据产业结构优化理论，经济发展的更高阶段是第二产业向第三产业的转移，而这一理论也得到了现实的印证，自20世纪60年代起，一些发达国家的第三产业比重就已经超过了60%。相比之下，辽宁省的产业结构调整任重道远。

六、产业增长

从辽宁省以第二产业为主的产业结构来看，辽宁省第二产业的增加值必然最大。

辽宁省三大产业增加值中，第二产业居首位，第三产业次之，第一产业最末。第一产业增长率最低，其中 1999 年、2000 年和 2001 年这三年波动较大，之后波动幅度较小，整体呈下降趋势；第二产业整体变化波动较大，2003~2011 年保持了较高的增长率，平均增速达到 16.08%，自 2007 年起，增长率逐渐降低，2015 年辽宁省第二产业的增长率为 -0.2%；第三产业增长率总体来说较为平稳，维持在 10%左右，但是自 2012 年起，开始逐年降低（见表 3-4、图 3-4）。从结构方面来看，辽宁省当前仍然是第二产业为主，虽然 2015 年的产业比重中，第三产业已经接近第二产业，但是根据近年来辽宁省三大产业的比重情况，未来第三产业比重走向仍然未知。

表 3-4　1999~2015 年辽宁省三大产业增加值　　单位：亿元

年份	第一产业	第二产业	第三产业	年份	第一产业	第二产业	第三产业
1999	520	1985	1630.5	2008	1302	7512.1	4647.5
2000	510	2307.3	1851	2009	1414.9	7821.7	5829
2001	545	2444.2	2043.9	2010	1631.1	9872.3	6774.9
2002	588	2611.8	2258.4	2011	1915.6	12150.7	7959.6
2003	622.5	2852.6	2527.4	2012	2155.8	13338.7	9306.8
2004	769.9	3278.9	2823.9	2013	2321.6	14269.5	10486.6
2005	853.6	3906.8	3244.6	2014	2285.8	14384.6	11956.2
2006	976.44	4720.76	3559.85	2015	2384	13382.6	12976.8
2007	1178.4	5829.5	4013.8				

资料来源：历年《辽宁省国民经济和社会发展统计公报》。

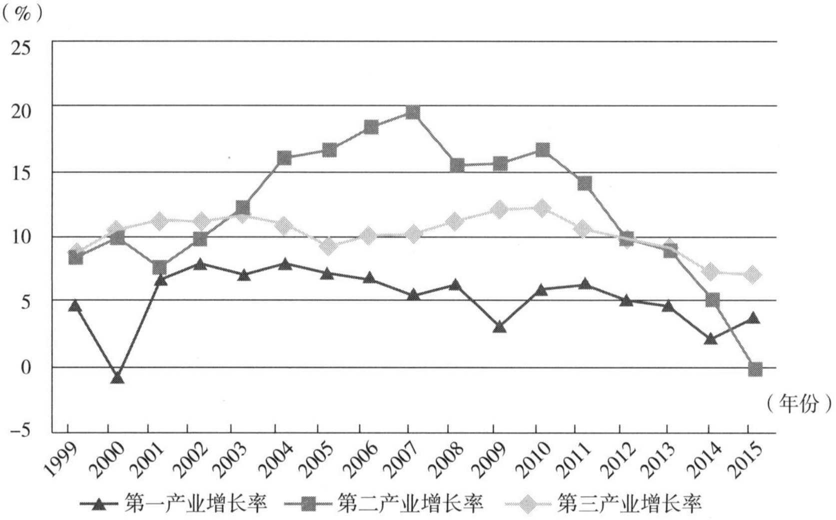

图 3-4　1999~2015 年辽宁省三大产业增长率

资料来源：历年《辽宁省国民经济和社会发展统计公报》。

七、人力资源

劳动力在经济活动中起着基础性的作用，任意一项经济活动都离不开人力的投入。辽宁省近年来的就业情况，可直观看出辽宁省的劳动力投入情况。同时，从性别和年龄两方面分析辽宁省的人口结构，其中，性别比平衡对于社会稳定和经济发展具有重要作用，年龄结构中 16~64 岁是劳动适龄人口，是主要劳动力。

辽宁省就业人数总体上升，2015 年就业人数有轻微下降，此时的就业人数为 2555. 2 万人。从增长速度方面看，增长速度最快的是 2009 年和 2013 年，分别为 3. 59%和 3. 92%（见图 3-5），这与当时的经济环境有关，2008 年和 2012 年经济危机过后的经济恢复带动了就业人数的上升。

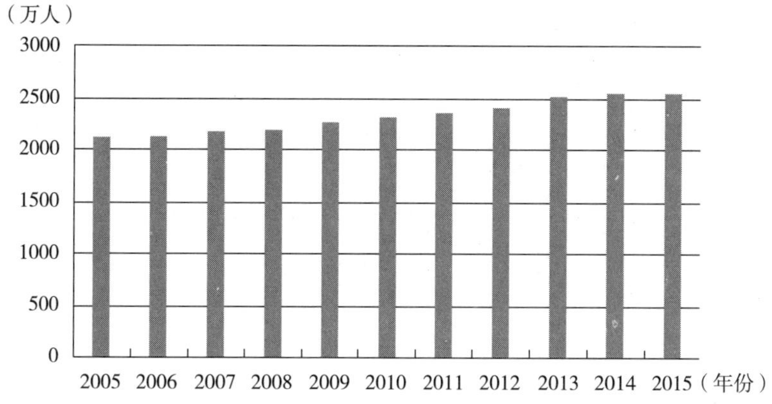

图 3-5 2005~2015 年辽宁省就业人数

资料来源：《辽宁统计年鉴》。

与过去 11 年的城镇登记失业率相比调查失业率，由于失业认定、对象范围以及失业者年龄限制方面的不同，城镇登记失业率略微失真，不能完全反映出一个地区的就业和失业情况，但是我们也可以从这些年的变化中对辽宁省的就业情况有一个大致了解。辽宁省的失业率呈逐年递减的态势，辽宁省的就业情况在逐渐变好（见图 3-6）。

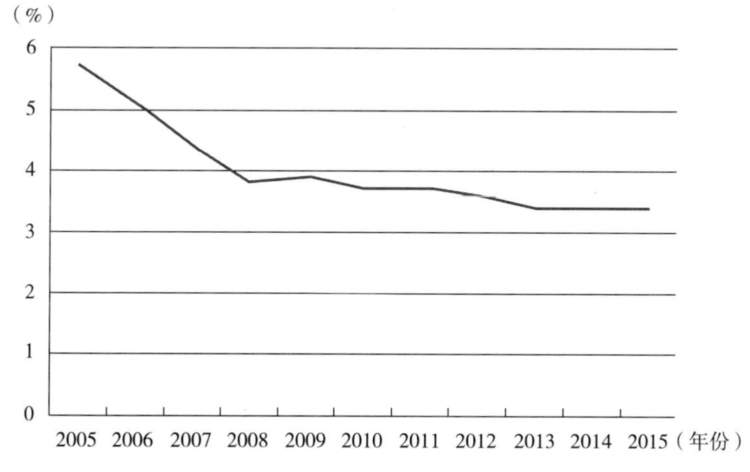

图 3-6 2005~2015 年辽宁省城镇登记失业率

资料来源：《辽宁统计年鉴》。

根据人口学研究，16~64 岁的人口为劳动适龄人口。通过分析辽宁省的人口结构，有助于我们了解辽宁省当前和未来的劳动力结构。

2004~2015 年，辽宁省的男女比例是比较协调的，男性比女性始终多百分之零点几，二者比例变化特别小（见图 3-7）。性别比的平衡对社会稳定具有重要意义，可以减少社会问题的产生，有助于社会和谐稳定，从而保障经济的可持续发展。

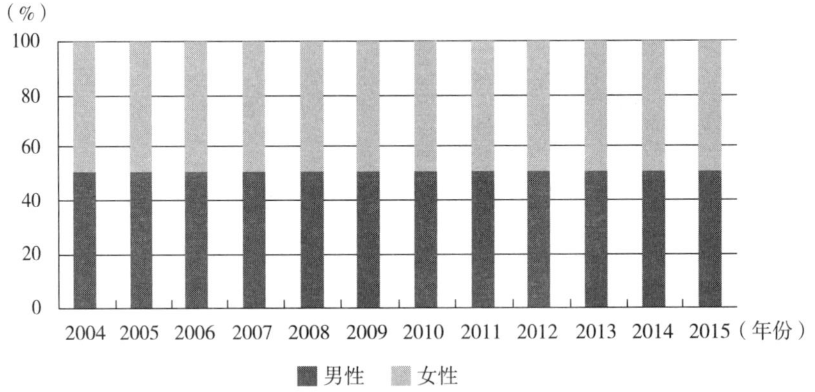

图 3-7　2004~2015 年辽宁省男女比例

资料来源：《辽宁统计年鉴》。

从所占比重上来看，16~64 岁这一阶段人口比重最大，这也是辽宁省劳动力所处的年龄范围，这一阶段的人口占据了 70%以上；0~15 岁人口和 65 岁及以上人口所占比重比较接近，在 11%左右。从变化趋势上来看，辽宁省 0~15 岁人口比重有一个先递减后递增的趋势，65 岁及以上人口比重则是逐年增加，16~64 岁人口比重夹在二者之间，比重变化不大（见图 3-8）。值得注意的是，在 16~64 岁劳动力适龄人口比重变化不大的情况下，辽宁省 65 岁及以上人口比重不断增加，这对于未来辽宁的经济发展会有一定的制约作用。

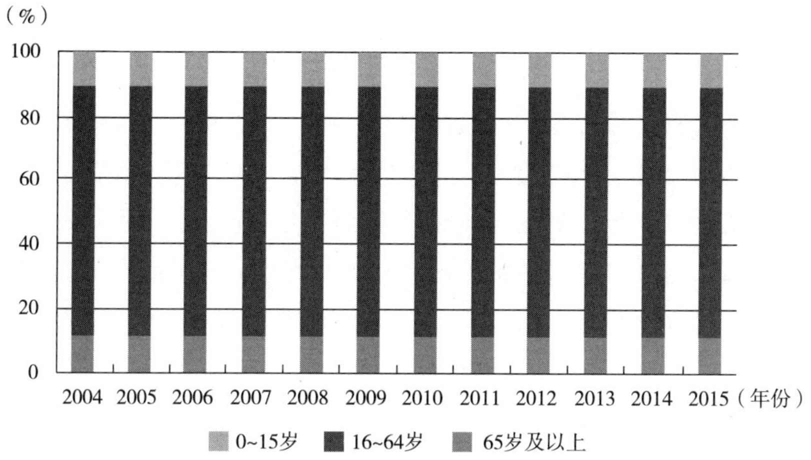

图 3-8 2004~2015 年辽宁省人口年龄结构

资料来源：根据《辽宁统计年鉴》相关数据计算整理而得。

八、资本投入

根据支出法核算的 GDP 公式，地区生产总值=消费+投资+净出口，这也就是为众人所知的拉动经济的“三驾马车”，其中，投资的重要组成部分就是固定资产投资。

综合考虑地理位置、经济状况等因素，选取我国部分省份，通过与辽宁省进行比较，横向分析辽宁省固定资产投资情况。

选取的 5 个省份中，有经济发达的省份如江苏、山东，有经济中上等的省份如河北，还有近年来发展比较亮眼的河南省，而山西省则是近年发展较差的省份，在 2015 年，其 GDP 增速排名倒数第二，仅比辽宁省多0.1%。

通过比较，辽宁省与经济发达省份江苏、山东固定资产投资相差较大，且增速低于二省；与山西省相比，则要高出许多，并且增速高于山西；与河北省相比，二者差距不大，在2009年以前，二者固定资产投资额十分相近，之后，辽宁省高于河北省，2014年河北反超；与河南省相比，河南是典型的内陆省份，并且是我国的人口大省，经济相对落后，其GDP增速经常能够排在全国前列，辽宁省与河南省基本重合，个别年份河南省高于辽宁省，2013年起则完全高于辽宁省，并且差距有逐渐拉大的趋势，由此可见，投资规模对经济发展具有一定的促进作用，这在河南省得到了印证，而辽宁省投资规模则有缩减趋势，情况不容乐观。

总的来说，辽宁省的投资规模在全国范围来看不算小（见图3-9），但同时应该看到，与我国同样处于沿海地区的省份相比，辽宁省投资规模仍然偏小，并且在多数省份投资规模逐年扩大的情况下，辽宁省却有所缩减。

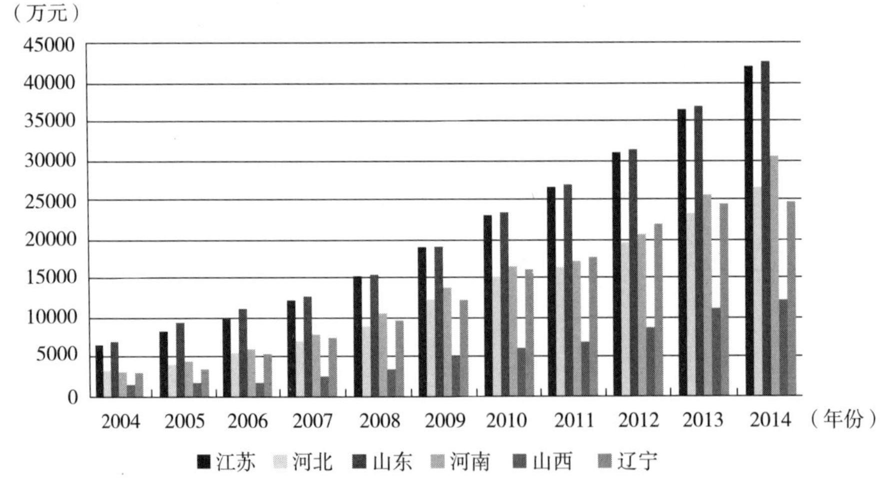

图3-9 2004~2014年部分省份固定资产投资额

资料来源：国家统计局。

（一）资金来源结构

固定资产投资的资金来源包括五种方式，分别是国家预算内资金、国内贷款、利用外资、自筹投资和其他资金。表 3-5、图 3-10 是 2004~2014 年辽宁省固定资产投资的资金来源构成。

表 3-5　2004~2014 年辽宁省固定资产投资的资金来源　单位：亿元

年份	国家预算内资金	国内贷款	利用外资	自筹投资	其他资金
2004	114.2	424.13	93.33	2060.96	392.79
2005	173.7	516.8	124.5	2935.8	483.2
2006	258.8	641.0	132.4	4034.1	623.4
2007	396.9	1109.8	242.5	5382.6	908.2
2008	448.1	1153.7	372.4	7238.2	806.7
2009	518.3	1705.1	350.5	8803.6	915.1
2010	472.5	2485.7	280.9	11843.5	960.4
2011	928.4	2691.3	293.8	12215.6	1597.2
2012	898.7	3172.2	330.2	15469.9	1965.2
2013	1064.5	3437.2	264.2	18232.5	2109.2
2014	1048.9	3409.7	167.3	18348.1	1756.8

资料来源：《辽宁统计年鉴》。

国家预算内资金由国家统一安排拨款，用于基本建设和更新改造等方面，它是国家宏观调控的主要手段。辽宁省固定资产投资的资金来源中，国家预算内资金所占比重最小，平均保持在 4%左右。

国内贷款是企事业单位向银行或者非银行金融机构借款，以用于固定资产投资方面。国内贷款在辽宁省固定资产投资资金来源中所占比重相对来说较高，基本保持在 13%以上。

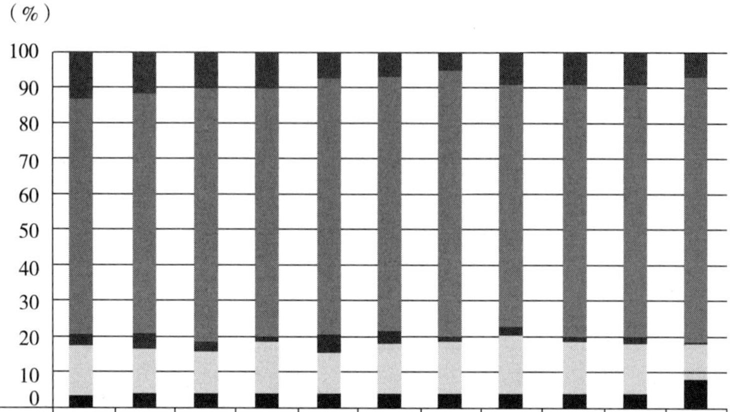

年份	2004	2005	2006	2007	2008	2009	2010	2011	2012	2013	2014
其他投资	13.18	11.50	10.96	12.21	8.05	7.44	5.99	9.01	9.00	8.40	7.10
自筹投资	69.17	69.89	70.90	72.39	72.24	71.62	73.82	68.91	70.84	72.62	74.19
利用外资	3.13	2.96	2.33	3.26	3.72	2.85	1.75	1.66	1.51	1.05	0.68
国内贷款	14.23	12.30	11.27	14.93	11.52	13.87	15.49	15.18	14.53	13.69	13.79
国家预算内资金	3.83	4.14	4.55	5.34	4.47	4.22	2.95	5.24	4.12	4.24	4.24

■国家预算内资金　■国内贷款　■利用外资　■自筹投资　■其他投资

图 3-10　2004~2014 年辽宁省固定资产投资各资金来源比重

资料来源：根据《辽宁统计年鉴》相关数据计算而得。

利用外资是收到的用于固定资产投资的国外资金，包括统借统还、自借自还的国外贷款，中外合资项目中的外资，以及对外发行债券和股票等。利用外资所占比重基本上呈减少趋势，2014 年其比重连 1%都不到，比重最大的时候是 2008 年，也仅有 3.72%。

自筹投资是地方企事业单位、建设单位上级主管部门等自己筹集到的用于固定资产投资的资金。自筹投资是辽宁省固定资产投资资金来源的绝对主力，比重达到 70%以上。

其他资金是除上面几种拨款方式以外的一种资金来源，比重在逐年减少。

随着我国金融自由化的不断深入，政府预算投资在投资总额中的地位不断下降，并且更多的是转向公共产品方面的投资。同时随着我国经济发展、对外开放和居民收入的提高，私人自筹和外资投资在投资总额中的地位不断上升，对经济发展的作用也日益凸显。总的来说，当前，辽宁省国家预算内资金和国内贷款的比重近年来比较合理，变化较小，但是利用外资和其他投资比重过小，说明辽宁省在引进外资方面存在一些问题。辽宁省应该积极拓宽资金来源渠道，更多依靠自筹和外资。

（二）产业结构

经济的向前发展，往往随着产业结构的不断优化。

投资是企业、产业扩大规模的重要影响因素。对于产业来说，投资的流向对产业的发展走向具有直接的影响。

在辽宁省固定资产投资的产业结构分布中，第一产业所占比重基本呈逐年下降的趋势，2015 年第一产业所占比重不到 2%。农业是基础、是根本，对农业的投资可以改进农业生产技术，提高农业机械化水平，在提高粮食产量的同时最大限度地解放劳动力。辽宁省第一产业投资比重下降的这种情况，一定程度上不利于农业技术水平的提高。第二产业所占比重呈现先增加后减少的变化趋势，第三产业所占比重呈现先减少后增加的变化趋势，二者占据了辽宁省固定资产投资的绝大部分（见表 3-6）。在辽宁省地区生产总值的产业结构分布中，第二产业所占比重最大，其次是第三产业。也就是说，相对于第二产业来说，第三产业对应着较低的生产总值及较高的固定资产投资，根据经济学原理，投资对于经济增长具有重要的促进作用。因此，可以反映出辽宁省第三产业中的投资利用情况不够理想，对于经济的促进作用有限。

表 3-6　2000~2015 年辽宁省固定资产投资的产业结构

年份	第一产业（亿元）	第二产业（亿元）	第三产业（亿元）	第一产业比重（%）	第二产业比重（%）	第三产业比重（%）
2000	46.69	492.74	728.25	3.68	38.87	57.45
2001	57.56	553.32	810.08	4.05	38.94	57.01
2002	63.89	623.39	918.27	3.98	38.83	57.19
2003	93.65	838.29	1150.76	4.50	40.25	55.25
2004	94.28	1263.77	1642.06	3.14	42.12	54.73
2005	143.83	2012.76	2077.48	3.40	47.54	49.07
2006	155.60	2644.40	2889.70	2.73	46.48	50.79
2007	197.99	3573.04	3664.20	2.66	48.06	49.28
2008	325.10	4833.10	4860.80	3.24	48.24	48.52
2009	322.60	5833.70	6136.30	2.62	47.46	49.92
2010	358.30	7498.10	8186.70	2.23	46.74	51.03
2011	537.00	7468.90	9720.40	3.03	42.13	54.84
2012	601.40	9424.10	11810.80	2.75	43.16	54.09
2013	526.80	10303.20	14277.70	2.10	41.04	56.87
2014	566.10	10365.20	13799.50	2.29	41.91	55.80
2015	345.80	7425.60	9869.00	1.96	42.09	55.95

资料来源：《辽宁统计年鉴》。

（三）经济类型

按照经济类型划分的固定资产投资，可以看作投资的所有制结构。根据所有制经济主体的不同，固定资产投资的经济类型包括四种，分别是国有经济投资、集体经济投资、私营个体经济投资和其他经济投资。

国有经济投资比重呈逐年下降趋势，集体经济投资比重也呈逐年下降趋势，私营个体经济投资呈逐年上升趋势，其他经济投资则是先上升后下降的变化趋势。从比重结构来看，2002 年及以前，国有经济投资比重最大，其次是其他经济，私营个体经济所占比重还较小，随着非公有制经济的大力发展，私营个体经济和其他经济的投资越来越多，到2014年，已经形成了私营个体经济投资和其他经济投资占主要地位的固定资产投资经济类型结构（见表3-7）。

表3-7　1995~2014年辽宁省固定资产投资的经济类型结构

年份	国有经济（亿元）	集体经济（亿元）	私营个体经济（亿元）	其他经济（亿元）	国有经济比重（%）	集体经济比重（%）	私营个体经济比重（%）	其他经济比重（%）
1995	584.4	95.5	49.5	155.6	66.04	10.79	5.60	17.58
1996	548.5	102.8	59.8	164.9	62.61	11.74	6.83	18.82
1997	573.8	97.4	54.2	228.3	60.17	10.21	5.68	23.94
1998	651.2	119.3	95.2	186.9	61.87	11.33	9.04	17.76
1999	662.9	111.4	132.8	195.1	60.14	10.11	12.05	17.70
2000	649.4	154.1	149.1	315	51.23	12.16	11.76	24.85
2001	690.7	158.5	179.1	392.7	48.61	11.15	12.60	27.63
2002	648.9	173.5	240.2	542.9	40.42	10.81	14.96	33.82
2003	712.2	229.5	336.2	804.8	34.20	11.02	16.14	38.64
2004	928.2	341.3	589.7	1140.9	30.94	11.37	19.65	38.03
2005	1245.5	526.3	819.8	1642.5	29.42	12.43	19.36	38.79
2006	1700.3	185.3	1486.6	2317.5	29.88	3.26	26.13	40.73
2007	2051.4	278.7	2091.58	3013.5	27.59	3.75	28.13	40.53
2008	2496.8	442.1	3140.7	3939.4	24.92	4.41	31.35	39.32
2009	2845.6	480.7	4108.3	4858	23.15	3.91	33.42	39.52
2010	3875.5	504.4	5437.5	6225.7	24.16	3.14	33.89	38.81
2011	3718.6	457.9	6637.7	6912.1	20.98	2.58	37.45	38.99
2012	4492.9	505.3	8402.8	8435.3	20.58	2.31	38.48	38.63
2013	5160.3	363.2	10214.2	9369.9	20.55	1.45	40.68	37.32
2014	4944.7	290.7	10607.7	8888.7	19.99	1.18	42.89	35.94

资料来源：《辽宁统计年鉴》。

我国坚持公有制为主体，多种所有制经济共同发展的经济制度。在坚持公有制经济主体地位的前提下，非公有制经济的发展有助于增加经济活力，推动经济快速发展。经过上面分析可以看出，辽宁省固定资产投资的经济类型结构较为合理，同时也不能放松对民间投资的鼓励和外商投资的引进。

第四章　沈阳市创新驱动现状

一、创新资源投入水平

创新资源技术创新需要各种投入，包括物力、人力、财力各方面的投入要素，这些既是需要流动的商品，也是需要加以保护的重要资源。

（一）高新技术产品

高新技术产品是指符合国家和省高新技术重点范围、技术领域和产品参考目录的全新型产品，或省内首次生产的换代型产品，或国内首次生产的改进型产品，或属创新产品等；有较高的技术含量、良好的经济效益和广阔的市场前景。

沈阳高新技术产品种类最多的时候是在 2007~2009 年，均达到了 1000 多个，之后基本开始逐年减少，2015 年只有 589 个，相较于 2014 年，减少了 25.63%（见图 4-1）。

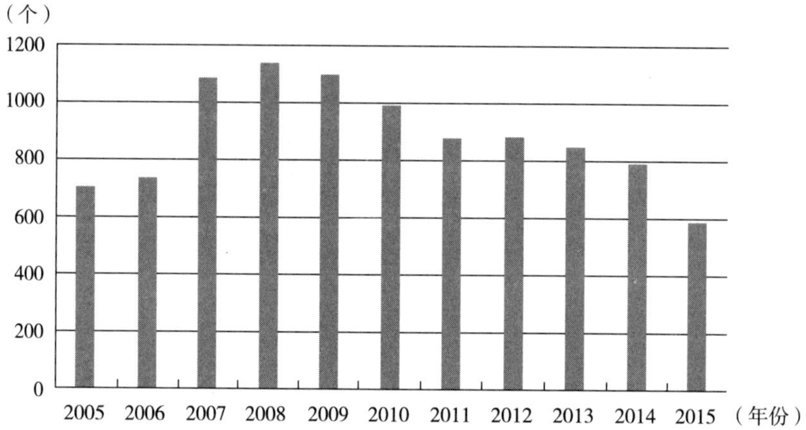

图 4-1 2005~2015 年沈阳市高新技术产品种类

资料来源：《沈阳统计年鉴》。

1. 不同企业类型高新技术产品情况

企业不仅是经济运行的主体，同时也是科技创新的主体。

内资企业中的私营企业高新技术产品种类占整个内资企业的 60%以上，是高新技术产品生产的绝对主力；其次是有限责任公司，占总数的 20%以上。

从数量变动上来看，2013~2015 年无论是内资企业，还是港、澳、台商投资企业和外商投资企业，高新技术产品种类均为逐年下降，下降幅度最大的恰恰是占高新技术产品总数最多的私营企业，2015 年相较于 2014 年，下降了 43%，同时，外商投资企业 2015 年也减少了 30 种（见表 4-1）。这也反映出当前沈阳以私营企业为主的各类型企业在高新技术产品的研发与生产方面存在一定的问题。

表 4-1　2013~2015 年沈阳市不同企业类型高新技术产品种类 单位：种

年份	2013	2014	2015
内资企业	689	655	485
国有企业	33	26	15
集体企业	11	10	7
股份合作企业	14	10	4
有限责任公司	160	139	182
股份有限公司	49	56	42
私营企业	416	411	234
其他企业	4	3	1
港、澳、台商投资企业	62	38	35
外商投资企业	99	99	69

资料来源：《沈阳统计年鉴》。

随着产品种类的减少，产品增加值和产品产值也必然减少。

在结构方面，2013~2014 年，以私营企业为主的内资企业在产品产值和产品增加值方面处于主要位置，而到了 2015 年，由于内资企业产品产值和产品增加值的锐减，外商投资企业在产值和增加值方面占主要位置（见表 4-2）。

表 4-2　2013~2015 年沈阳市不同企业类型高新技术产品产值及增加值

单位：亿元

年份	产品产值			产品增加值		
	2013	2014	2015	2013	2014	2015
内资企业	3308.38	3304.65	1543.88	969.91	969.22	402.30
国有企业	108.66	70.99	55.51	32.93	17.87	14.76
集体企业	21.98	20.78	15.70	6.86	6.15	3.80
股份合作企业	21.27	22.53	6.50	6.44	6.92	1.48

续表

年份	产品产值			产品增加值		
	2013	2014	2015	2013	2014	2015
有限责任公司	1217.16	1095.35	607.55	314.41	331.87	161.09
股份有限公司	278.47	366.73	208.80	92.03	121.09	54.26
私营企业	1647.92	1721.79	646.99	513.51	483.29	166.07
其他企业	9.09	6.48	2.83	2.70	2.03	0.83
港、澳、台商投资企业	231.52	200.20	112.81	71.53	55.35	31.93
外商投资企业	2084.77	2252.57	1705.80	573.97	692.49	435.89

资料来源：《沈阳统计年鉴》。

在数量变动方面，私营企业作为高新技术产品开发与生产的主力，其产值与增加值有了明显的下降，相较于2014年，2015年私营企业的高新技术产品产值和增加值均减少了60%以上，可以看到，产品种类的减少带来的是更高程度的产值和增加值的减少，这也从侧面反映出私营企业的高新技术产品质量较高，带来的经济效益好，私营企业与政府应该着力加强高新技术产品的开发与生产。而外商投资企业产品种类的减少与产值和增加值的减少幅度较为一致，均在30%~40%。

2. 制造业高新技术产品情况

制造业作为沈阳工业的重要支柱，在沈阳经济发展过程中起着重要的作用。在当前供给侧结构性改革进行的当下，分析制造业的高新技术产品情况，将有助于了解制造业在科技创新方面的现状与问题。

在结构方面，电气机械和器材制造业的高新技术产品种类最多，通用设备制造业次之。在数量变动方面，农副食品加工业高新技术产品种类下降最多，2015年比2014年少了51种；第二是电气机械和器材制造业，2015年比2014年少了37种；第三是汽车制造业，2015年比2014年少了26种（见表4-3）。

表 4-3　2013~2015 年沈阳市制造业中部分行业高新技术产品种类

单位：种

年份	2013	2014	2015
农副食品加工业	71	67	16
化学原料和化学制品制造业	60	52	50
医药制造业	67	55	63
橡胶和塑料制品业	42	42	33
非金属矿物制品业	55	55	33
黑色金属冶炼和压延加工业	16	16	10
有色金属冶炼和压延加工业	16	16	13
金属制品业	34	32	14
通用设备制造业	100	94	79
专用设备制造业	59	53	53
汽车制造业	76	75	49
铁路、船舶、航空航天和其他运输设备制造业	19	14	26
电气机械和器材制造业	115	108	71
计算机、通信和其他电子设备制造业	51	50	36
仪器仪表制造业	21	21	20

注：出于分析考虑，表 4-3 排除了数据缺失较多的行业以及产品种类低于 10 种的行业。

资料来源：《沈阳统计年鉴》。

在结构方面，汽车制造业的高新技术产品产值和增加值所占比重最大，其次为电气机械和器材制造业。在数量变动方面，金属制品业、非金属矿物制品业以及黑色金属冶炼和压延加工业的高新技术产品产值和增加值下降幅度较大，在 70%左右，相应地，这三个行业的高新技术产品种类则减少了 40%左右（见表 4-4）。金属制品业、非金属矿物制品业以及黑色金属冶炼和压延加工业均属于沈阳市的传统重化工业，这些产业现在或多或少都面临着产能过剩的问题，未来的出路一方面是传统产业的产品创新与升级，另一方面则是新兴产业的加速发展。同时，电气机械和器材制造业在产品种类下降 34%的情况下，产品产值和增加值则下降了 60%左右。与这四个行业情况略微不同的是汽车制造业，其产品种类 2015 年比 2014 年减少了 35%，而产值和增加值则仅减少了 14%，可以看出，该行业高新技术产品种类的减少对于产值和增加值的影响较小，现有高新技术产品能够创造良好的经济效益，但是在未来发展中，仍然不能放松对高新技术产品的开发和生产。

表 4-4　2013~2015 年沈阳市制造业中部分行业高新技术产品产值及增加值

单位：亿元

年份	产品产值			产品增加值		
	2013	2014	2015	2013	2014	2015
农副食品加工业	449.82	429.35	135.80	138.17	129.08	33.06
化学原料和化学制品制造业	91.42	82.28	64.77	29.16	27.86	16.25
医药制造业	179.63	184.65	170.83	70.06	79.29	53.98
橡胶和塑料制品业	246.43	251.46	67.32	67.50	58.57	17.24
非金属矿物制品业	222.70	259.92	84.05	70.70	74.52	21.99
黑色金属冶炼和压延加工业	117.02	130.01	43.25	32.29	38.17	10.54
有色金属冶炼和压延加工业	121.11	86.18	83.02	34.12	21.84	20.15
金属制品业	347.89	385.68	32.98	101.59	130.45	8.76
通用设备制造业	553.24	524.18	296.04	177.68	161.08	82.47
专用设备制造业	290.72	310.86	198.02	91.46	61.81	51.16
汽车制造业	1630.54	1960.12	1685.45	410.62	594.82	429.82
铁路、船舶、航空航天和其他运输设备制造业	234.32	37.04	32.15	57.72	9.87	10.97
电气机械和器材制造业	578.65	571.59	259.74	162.74	173.28	59.85
计算机、通信和其他电子设备制造业	323.75	323.35	156.07	101.03	91.43	37.33
仪器仪表制造业	33.41	41.47	13.37	11.18	13.93	3.48

资料来源：《沈阳统计年鉴》。

（二）研发人员数量

作为人力资源，研发人员队伍情况能够从一定程度上反映创新资源的投入水平。

2005~2015 年，沈阳市研究与试验发展人员（以下简称研发人员）数量总体上呈上升趋势，由 2005 年的 14025 人上升为 2015 年的 22625 人。2014 年减少了 3244 人，2015 年增加了 929 人，总体规模仍然低于 2013 年的水平（见图 4-2）。

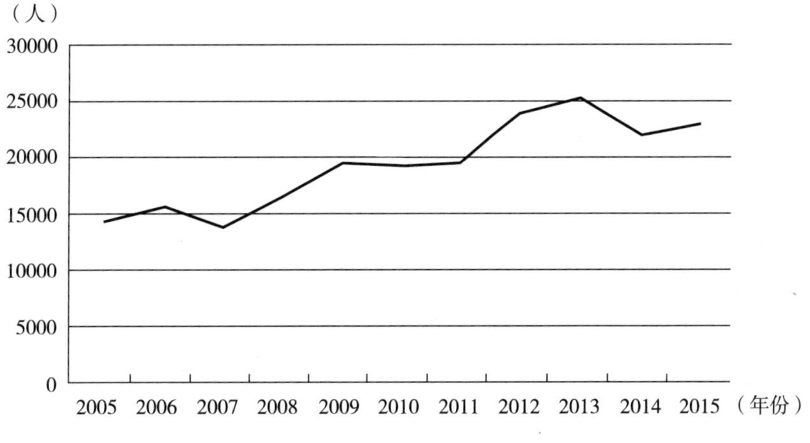

图 4-2　2005~2015 年沈阳市研发人员数量

资料来源：《沈阳统计年鉴》。

1. 不同企业类型研发人员情况

表 4-5 为 2013~2015 年内资企业、港澳台商投资企业及外商投资企业的研发人员情况。

表 4-5　2013~2015 年沈阳市不同企业类型研发人员数量　　单位：人

年份	2013	2014	2015
内资企业	22696	19193	20578
国有企业	696	779	261
有限责任公司	17416	14860	15979
股份有限公司	2666	2045	3071
私营企业	1891	1509	1267
港、澳、台商投资企业	1000	935	636
外商投资企业	1271	1595	1438

注：出于分析考虑，表 4-5 排除了数据缺失较多的企业类型。

资料来源：《沈阳统计年鉴》。

从结构上来看，内资企业中的有限责任公司研发人员数量最多，其次是股份有限公司，私营企业和外商投资企业研发人员数量较为接近。在上文关于不同类型高新技术产品种类的分析中，有限责任公司的高新技术产品种类年均为 160 种，相比较而言，研发人员不占优势的私营企业高新技术产品种类年均为 354 种。因此，对于有限责任公司而言，应该充分发挥研发人员多的优势，进一步加大高新技术产品的研发力度；对于私营企业而言，则应该进一步扩大研发人员队伍，更好地进行高新技术产品研发与生产，为企业乃至沈阳经济带来更多的成果。

从数量变动上来看，相较于 2014 年，多数企业研发人员数量基本有了明显的回升，尤其是有限责任公司和股份有限公司，2015 年分别增加了 1119 人和 1026 人。2015 年，国有企业、港澳台商投资企业以及外商投资企业人数进一步减少。结合上文关于不同企业类型高新技术产品种类的相关分析，2013 年、2014 年，国有企业每种高新技术产品所需的研发人员数量在 25 人左右，港、澳、台商投资企业在 20 人左右，外商投资企业在 15 人左右，而高新技术产品种类较多且研发人员也相对较多的私营企业则在 5 人左右。作为曾经实行计划经济最为彻底的省份，辽宁省国有企业在经济发展中占据重要的位置，如今，随着市场经济的进一步发展，国有企业体制机制问题日益暴露，国有企业改革正在进行中，而当前国有企业研发人员数量的大幅度减少，则恰恰反映了在国有企业改革中人员队伍得到精简，成本得到降低。港澳台商投资企业、外商投资企业，以及上文提到的有限责任公司，则应该充分利用人力资源，发展科技创新。

2. 制造业研发人员情况

农副食品加工业、电气机械和器材制造业和汽车制造业是高新技术产品种类减少最多的三个行业，而在研发人员数量方面，除农副食品加工业 2015 年较 2014 年有所减少外，电气机械和器材制造业和汽车制造业研发人员数量均为增加，分别比 2014 年增加 467 人和 65 人（见表 4-6）。因此电气机械和器材制造业和汽车制造业应该在保持研发人员数量稳定增长的前提下，重点进行高新技术产品的研发。

表 4-6　2013~2015 年沈阳市制造业中部分行业研发人员情况

单位：人

年份	2013	2014	2015
农副食品加工业	471	567	499
石油加工、炼焦和核燃料加工业	357	468	180
化学原料和化学制品制造业	178	366	249
医药制造业	1378	1448	1277
橡胶和塑料制品业	266	256	84
非金属矿物制品业	154	45	95
黑色金属冶炼和压延加工业	58	128	130
有色金属冶炼和压延加工业	239	199	220
金属制品业	473	390	991
通用设备制造业	4054	4172	3105
专用设备制造业	2956	2320	2575

续表

年份	2013	2014	2015
汽车制造业	2023	2251	2316
铁路、船舶、航空航天和其他运输设备制造业	7825	7487	4874
电气机械和器材制造业	881	507	974
计算机、通信和其他电子设备制造业	564	537	703
仪器仪表制造业	506	457	1136

注：出于分析考虑，表 4-6 排除了数据缺失较多的行业以及研发人员连续 3 年低于 100 人的行业。

资料来源：《沈阳统计年鉴》。

从结构方面来看，铁路、船舶、航空航天和其他运输设备制造业研发人员数量最多，其次为通用设备制造业，专用设备制造业和汽车制造业人数较为接近，有 2000～3000 人。2013 年、2014 年，铁路、船舶、航空航天和其他运输设备制造业每种高新技术产品所需的研发人员数量在 473 人左右，这个数值显然过高；通用设备制造业在 43 人左右；汽车制造业在 30 人左右。

从数量变动方面来看，铁路、船舶、航空航天和其他运输设备制造业和通用设备制造业 2015 年减少的人数最多，分别减少了 2613 人和 1067 人。随着研发人员数量的大幅度减少，每种高新技术产品所需的研发人员数量得到了有效控制，尤其是铁路、船舶、航空航天和其他运输设备制造业，2015 年每种高新技术产品所需的研发人员数量为 187 人，这两个行业未来应进一步控制研发人员规模，或加大高新技术产品研发力度。而汽车制造业则是高新技术产品种类减少而研发人员增加，因此需要注意产品开发与研发人员的比例协调性，避免研发人员队伍庞大而研发成果少的问题进一步恶化。

（三）研发经费金额

2005~2009 年沈阳市研发经费始终在 20 亿~30 亿元；2010~2011 年呈现了大幅度的增长，研发经费达到 50 亿元以上，增长率分别为 60.33%和 43.62%；2012 年开始缓慢下降，2015 年骤降 23.87%，研发金额为 42.65 亿元（见图 4-3）。

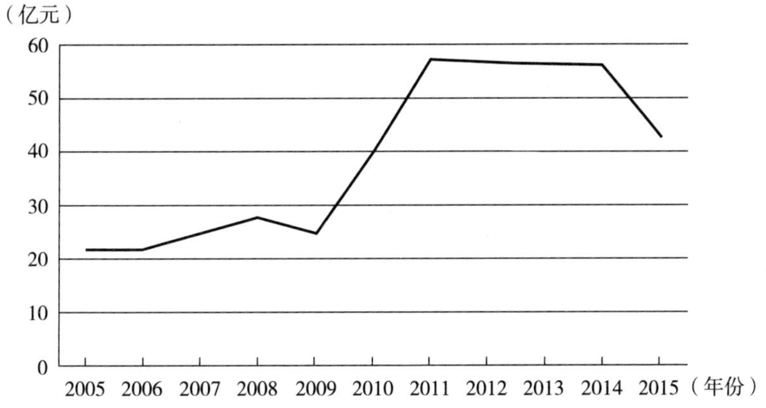

图 4-3　2005~2015 年沈阳市研发经费金额

资料来源：《沈阳统计年鉴》。

1. 不同企业类型研发经费情况

从结构上来看，有限责任公司研发经费最多，其次是股份有限公司，最少的是国有企业（见表 4-7）。从数量变动上来看，连续 2 年研发经费金额正向增长的企业类型分别是有限责任公司和外商投资企业，尤其后者，2014 年和 2015 年年均增长率为 33.62%。国有企业在经历了 2014 年 4.19%的负增长后，有了略微增长，增长率为 2.59%。其余类型的企业则基本连续两年负向增长。

表 4-7　2013~2015 年沈阳市不同企业类型研发经费情况

单位：亿元

年份	2013	2014	2015
内资企业	386737	371188	380790
国有企业	12421	7237	5677
有限责任公司	280631	281673	297106
股份有限公司	69730	62000	53837
私营企业	—	20278	24169
港、澳、台商投资企业	20996	24591	23179
外商投资企业	12044	15627	22551

注：出于分析考虑，表 4-7 排除了数据缺失较多的企业类型。

资料来源：《沈阳统计年鉴》。

2. 制造业研发经费情况

从结构上来看，汽车制造业研发经费最多，占比 26%左右，通用设备制造业和专用设备制造业紧随其后，平均占比分别为 20.9%和 19%（见表 4-8）。

表 4-8　2013~2015 年沈阳市制造业中部分行业研发经费情况

单位：亿元

年份	2013	2014	2015
农副食品加工业	15227	13082	18075
石油加工、炼焦和核燃料加工业	7179	3751	2753
化学原料和化学制品制造业	2922	3928	4897
医药制造业	23092	26025	24076
橡胶和塑料制品业	1938	1696	1209
非金属矿物制品业	846	170	570

续表

年份	2013	2014	2015
黑色金属冶炼和压延加工业	1431	1523	1803
有色金属冶炼和压延加工业	5956	3933	7224
金属制品业	5800	4431	10688
通用设备制造业	98613	98664	58970
专用设备制造业	83956	91077	57498
汽车制造业	96056	104082	118871
铁路、船舶、航空航天和其他运输设备制造业	25160	26520	44214
电气机械和器材制造业	11974	3800	25973
计算机、通信和其他电子设备制造业	18753	22676	18837
仪器仪表制造业	4764	4205	13820

注：出于分析考虑，表 4-8 排除了数据缺失较多的行业。

资料来源：《沈阳统计年鉴》。

从数量变动上来看，连续两年研发经费下降的行业分别是石油加工、炼焦和核燃料加工业以及橡胶以及塑料制品业，年均增长率分别为-59%和 21.49%；连续两年研发经费稳定增长的行业分别是化学原料和化学制品制造业、黑色金属冶炼和压延加工业、汽车制造业和铁路、船舶、航空航天和其他运输设备制造业，其中，铁路、船舶、航空航天和其他运输设备制造业增速最快，年均增速为 35.9%；其余行业的研发经费 2014 年、2015 年有增有减，其中，农副食品加工业、有色金属冶炼和压延加工业为先减后增。另外，部分行业如金属制品业、电气机械和器材制造业、仪器仪表制造业等，2014 年和 2015 年增减幅度较大，具体原因暂不列入本书的研究范围。

从高新技术产品种类、研发人员数量和研发经费金额三方面对沈阳创新资源投入水平进行分析。从总量上来看，三者均经历了一个先增后减的过程，尤其在 2013~2015 年，无论是高新技术产品的种类、研发人员的数量还是研发经费的金额，均有了明显的下降。

在内资企业、港澳台商投资企业、外商投资企业中，私营企业高新技术产品种类最多，但是研发人员数量和研发经费则位居第三位，未来的发展中应该注意加强创新人力资源和财力资源的投入。有限责任公司高新技术产品种类位居第二，并与第一有一定差距，研发人员数量位居第一，研发经费也远远高于其他企业类型。同样，股份有限公司的高新技术产品种类较少，2015 年产品种类仅为有限责任公司的 1/4，研发人员数量和研发经费位居第二。因此可以说，目前有限责任公司、股份有限公司的人力、财力资源投入较为平衡，而物力资源投入稍显不足。港澳台商投资企业、外商投资企业表现一般，但正如前文的分析，应该充分利用现有人力资源，加大高新技术产品种类的开发和生产，实现物力、人力、财力的三者平衡投入。国有企业高新技术产品种类、研发人员数量和研发经费金额 2014 年、2015 年均有明显下降，在当前国企改革过程中，通过人、财、物方面的精简和优化，相信未来的国有企业将能够再一次崛起。

在农副食品加工业、石油加工、炼焦和核燃料加工业、化学原料和化学制品制造业、医药制造业等几种制造业行业中，电气机械和器材制造业和汽车制造业高新技术产品种类减少最多，而研发人员数量和研发经费则均有所增加，因此，二者应该在保持人力、财力规模稳定增长的前提下，重点加大物力方面的投入。铁路、船舶、航空航天和其他运输设备制造业研发人员数量最多，而高新技术产品种类则很少，研发经费一般，因此，应该注意人、财、物三者的协调性。通用设备制造业高新技术产品种类、研发人员数量和研发经费金额均在几种制造业中位居第二，人力、物力、财力三者较为平衡。

二、创新资源活动水平

（一）专利申请数量

从国际经验来看，专利申请数量与一国技术进步正相关，专利数量越多，技术发展层次越高，对经济增长具有较高的促进作用。

2006～2015 年，沈阳专利申请波动较大，其中，2006～2010 年，专利申请量处于波动上升阶段；2010～2013 年，专利申请量处于急速下降阶段；2013～2015 年，有升有降（见图 4-4）。

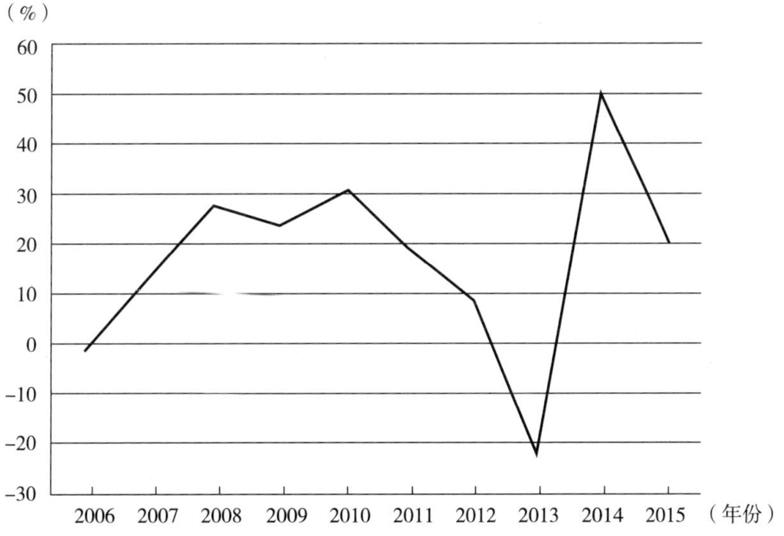

图 4-4　2006～2015 年沈阳市专利申请增长情况

资料来源：《沈阳统计年鉴》《沈阳市国民经济和社会发展统计公报》。

根据我国专利法规定，可以获得专利保护的发明创造有发明、实用新型和外观设计三种，其中发明专利是最主要的一种。发明专利是衡量一个国家或地区科技创新能力的重要指标。

在发明、实用新型和外观设计三种专利中，2005~2015 年沈阳市发明专利占专利申请总量的比重基本呈现波动式上升的趋势，由 2005 年的 32.88%，增加到 2015 年的 54.91%。从增长速度方面来看，发明专利申请量增速波动较大，最高时达到 35.9%，最低时只有 8.96%，2013~2015 年的增速则连年下降（见表 4-9）。

表 4-9　2005~2015 年沈阳市发明专利申请情况

年份	专利申请量（件）	发明专利申请量（件）	增速（%）	占比（%）
2005	4414	1456	—	32.99
2006	4337	1677	15.18	38.67
2007	4905	2279	35.90	46.46
2008	6254	2680	17.60	42.85
2009	7708	2920	8.96	37.88
2010	10051	3875	32.71	38.55
2011	11906	4880	25.94	40.99
2012	12899	5709	16.99	44.26
2013	10051	7572	32.63	75.34
2014	15044	8963	18.37	59.58
2015	18112	9946	10.97	54.91

资料来源：《沈阳统计年鉴》《沈阳市国民经济和社会发展统计公报》。

目前，沈阳市无论是专利申请量增速、发明专利申请量增速，还是发明专利占比，近年来均有下降趋势，它们的增长速度也有很大的波动。这在一定程度上反映出当前沈阳专利申请方面鼓励机制还不成熟，没有完全发挥出对专利申请的激励作用。未来应该进一步完善鼓励、奖励机制，保证专利申请数量的稳定增长。

（二）R&D 经费支出

研究与试验发展（R&D）经费支出指统计年度内全社会实际用于基础研究、应用研究和试验发展的经费支出。

1. R&D 经费支出

沈阳市规模以上工业企业 R&D 经费支出规模在 60 亿~92 亿元，增速方面除了 2011 年为正增长以外，其余年份均为负增长，2015 年更是减少了 17.7%；沈阳市全社会 R&D 经费支出规模在 100 亿~142 亿元，增速方面 2011 年为 32.89%，2012 年、2013 年仅为零点几的增长，到了 2014 年则降为负增长，2015 年进一步负增长。规模以上工业企业的 R&D 经费支出占全社会 R&D 经费支出的 50%以上，规模以上工业企业 R&D 经费的大幅度下降，直接影响了全社会 R&D 经费支出情况。未来沈阳规模以上工业企业应该更加注重 R&D 经费方面的投入（见表 4-10）。

表 4-10　2010~2015 年沈阳市 R&D 经费支出情况

年份	规模以上工业企业		全社会		规模以上工业企业占全社会比重（%）
	总量（亿元）	增速（%）	总量（亿元）	增速（%）	
2010	65.4	—	105.8	—	61.81
2011	91.43	39.80	140.6	32.89	65.03
2012	84.42	-7.67	141.4	0.57	59.70
2013	82.99	-1.69	141.9	0.35	58.48
2014	78.55	-5.35	137.8	-2.89	57.00
2015	64.65	-17.70	125.1	-9.22	51.68

资料来源：《沈阳统计年鉴》。

2. R&D 投入强度

R&D 投入强度是指 R&D 占 GDP 的百分比，它可以反映出一个地区在科技创新方面的投入程度和努力程度。

沈阳市 R&D 经费投入强度基本为连年下降的趋势，而全国 R&D 经费投入强度则是连年上升，二者差距有进一步拉大的趋势。其中，2013 年是转折点。2013 年以前，沈阳市的 R&D 经费投入强度远远高于全国水平，2011 年差距最大，此时沈阳和全国分别为 2. 11%和 1. 75%；到了 2015 年，全国的 R&D 经费投入强度已经为 2. 10%，而沈阳则降低到 1. 72%，甚至低于 2010 年的全国水平 1. 75%（见图 4-5）。

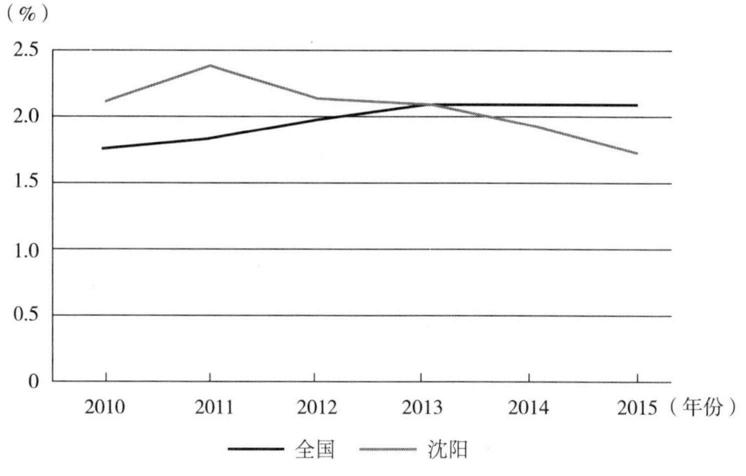

图 4-5　2010~2015 年沈阳市与全国 R&D 投入强度的比较

资料来源：《沈阳统计年鉴》《中华人民共和国国民经济和社会发展统计公报》。

（三）科研机构数量

企业办科研机构总数在 120~200 个，最多时为 2009 年的 196 个，最少时为2012年的116个。从增速上来看，企业办科研机构数量时增时减，变动幅度较大，缺少长期稳定的均衡增长（见图4-6）。

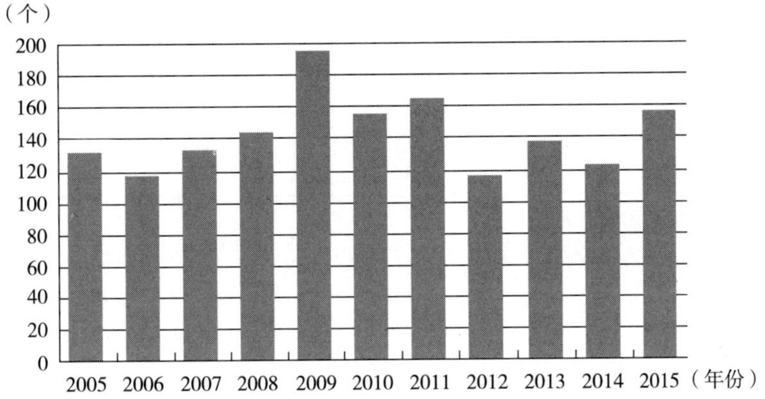

图4-6　2005~2015年沈阳市规模以上工业企业办科研机构数量

资料来源：《沈阳统计年鉴》。

1. 不同企业类型办科研机构情况

在有数据记载的几种企业中，有限责任公司办科研机构数量最多，国有企业办科研机构数量稳定，外商投资企业办科研机构数量在增多（见表4-11）。

表4-11　2013~2015年沈阳市规模以上工业企业办科研机构数量

单位：个

年份	2013	2014	2015
内资企业	118	93	130
国有企业	14	15	15
集体企业	1	—	—
股份合作企业	—	—	—
有限责任公司	43	51	59

续表

年份	2013	2014	2015
股份有限公司	7	5	17
私营企业	—	—	39
其他企业	—	—	—
港、澳、台商投资企业	8	12	8
外商投资企业	12	18	19

注：部分数据缺失。

资料来源：《沈阳统计年鉴》。

2. 制造业企业办科研机构情况

在数量方面，办科研机构数量较多地集中在有色金属冶炼和压延加工业、金属制品业、通用设备制造业、专用设备制造业、汽车制造业，基本都在10个以上，这些行业也基本都是沈阳市的优势行业。在数量增长方面，化学原料和化学制品制造业、有色金属冶炼和压延加工业、电气机械和器材制造业连续两年均为正向增长，专用设备制造业连续两年均为负增长，其余行业有增有减（见表4-12）。

表4-12 2013~2015年沈阳市制造业企业办科研机构情况 单位：个

年份	2013	2014	2015
农副食品加工业	7	8	8
造纸和纸制品业	1	1	3
石油加工、炼焦和核燃料加工业	3	2	2
化学原料和化学制品制造业	3	7	10
医药制造业	4	3	7
橡胶和塑料制品业	8	2	3
非金属矿物制品业	7	1	7
黑色金属冶炼和压延加工业	1	1	3

续表

年份	2013	2014	2015
有色金属冶炼和压延加工业	12	14	16
金属制品业	10	10	9
通用设备制造业	15	9	21
专用设备制造业	18	16	7
汽车制造业	10	13	11
铁路、船舶、航空航天和其他运输设备制造业	10	9	9
电气机械和器材制造业	8	10	11
计算机、通信和其他电子设备制造业	8	6	13
仪器仪表制造业	11	9	13
金属制品、机械和设备修理业	—	—	2

注：部分数据缺失。

资料来源：《沈阳统计年鉴》。

通过上文对于沈阳市创新资源活动水平的分析，可以看出，作为企业或者社会主动从事创新资源活动的重要体现，沈阳市的专利申请量、R&D经费支出以及企业办科研机构数量方面，均存在或多或少的问题。

首先，专利申请。总量增速波动较大，缺乏长效的激励保障机制。同时，作为专利的重要构成，沈阳市的发明专利申请量并不突出，甚至增速和占整个专利申请数量的比重近两年均有下降趋势。

其次，R&D 经费支出。2010~2015 年，规模以上工业企业 R&D 经费支出的连年负增长，使整个沈阳市全社会 R&D 经费支出增速放缓，直至负增长。在投入强度上，2013 年至今，沈阳市的 R&D 投入强度已经越来越低于全国平均水平。

最后，企业办科研机构数量。企业办科研机构是企业主动进行创新资源活动的一项重要体现，目前来看，国企办科研机构数量较少，制造业中黑色金属冶炼和压延加工业、造纸和纸制品业以及石油加工、炼焦和核燃料加工业企业办科研机构数量较少。

三、创新资源产出水平

（一）研发项目数量

经过创新资源的人力、财力和物力投入之后，研发项目情况则是创新资源活动产出水平的一项衡量指标。

2005~2008 年，沈阳市研发项目数量较少，年均仅为 403 项。2009 年开始，数量有了急剧上升，2009 年达到最大值 1907 项。2013~2015 年，研发项目数量呈现下降趋势，2015 年为 971 项（见图 4-7）。可以发现，沈阳研发数量的变动趋势与前文中研发人员数量、研发经费金额等资源投入变动趋势基本一致。

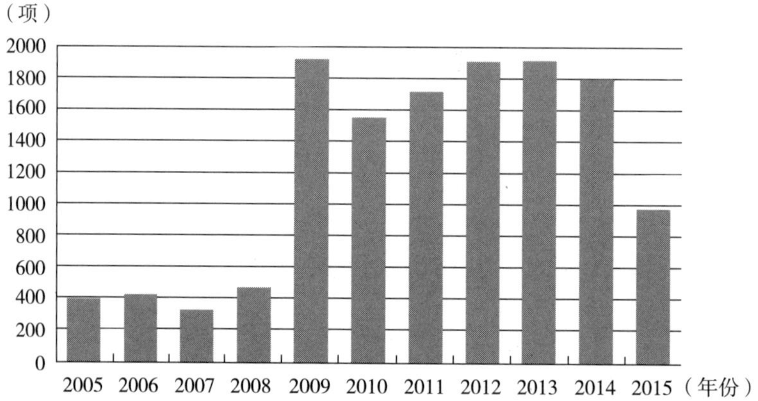

图 4-7　2005~2015 年沈阳市规模以上工业企业研发项目数量

资料来源：《沈阳统计年鉴》。

1. 不同企业类型研发项目情况

有限责任公司的研发项目占据绝对的主力位置，在前文分析中，有限责任公司的研发人员数量、研发经费金额也是最多的，可以说，有限责任公司的创新资源投入产出较为平衡。但同时，2015 年，有限责任公司的研发项目数量有了下降明显，相较于 2014 年减少了 48.73%。另外，国有企业、股份有限公司 2015 年研发项目数量也大幅减少。其中，国有企业研发人员数量、研发经费金额 2015 年均有明显下降，由此带来的研发项目的减少，也实属正常。而股份有限公司 2015 年研发人员数量相较于 2014 年增加了 1026 人，研发经费则略微下降，未来应考虑增加研发经费投入，从而增加创新资源活动产出（见表 4-13）。

表 4-13　2013~2015 年沈阳市不同企业类型研发项目情况

单位：项

年份	2013	2014	2015
内资企业	1727	1555	769
国有企业	86	75	16
集体企业	3	—	—
股份合作企业	1	—	—
有限责任公司	1156	1067	547
股份有限公司	214	231	93
私营企业	267	182	113
其他企业	—	—	—
港、澳、台商投资企业	—	123	102
外商投资企业	79	117	100

注：部分数据缺失。

资料来源：《沈阳统计年鉴》。

2. 制造业研发项目情况

2013~2015 年，沈阳市制造业中，研发项目多集中在医药制造业、金属制品业、通用设备制造业、专用设备制造业、汽车制造业以及铁路、船舶、航空航天和其他运输设备制造业（见表 4-14），结合前文分析，这些行业的研发人员投入、研发经费投入与研发项目产出基本一致。但是从变动趋势上来看，这些行业的研发人员投入、研发经费投入有增有减，而研发项目数量则基本全是大幅度下降，未来应进一步加强创新资源活动投入产出的平衡。

表 4-14 2013~2015 年沈阳市制造业部分行业研发项目情况

单位：项

年份	2013	2014	2015
农副食品加工业	93	67	24
食品制造业	—	1	1
酒、饮料和精制茶制造业	2	2	—
造纸和纸制品业	—	1	6
印刷和记录媒介复制业	—	—	4
文教、工美、体育和娱乐用品制造业	1	1	—
石油加工、炼焦和核燃料加工业	10	11	5
化学原料和化学制品制造业	46	45	28
医药制造业	118	170	105
橡胶和塑料制品业	36	51	11
非金属矿物制品业	9	5	9
黑色金属冶炼和压延加工业	27	27	14
有色金属冶炼和压延加工业	46	39	23
金属制品业	205	32	55
通用设备制造业	267	350	82

续表

年份	2013	2014	2015
专用设备制造业	345	293	90
汽车制造业	86	113	94
铁路、船舶、航空航天和其他运输设备制造业	425	447	163
电气机械和器材制造业	61	53	53
计算机、通信和其他电子设备制造业	28	20	29
仪器仪表制造业	15	54	58

注：部分数据缺失。

资料来源：《沈阳统计年鉴》。

（二）专利授权数量

专利申请量反映的是创新资源活动投入的水平，专利授权量则反映的是创新资源活动产出的水平。

与专利申请量情况类似，专利授权量的增长速度波动也很大，增速最高时为 42.01%，最低时则仅为-3.8%。在占比方面，专利授权量占专利申请量的比重变动较为平稳，多年来一直维持在 50%上下（见表 4-15）。

表 4-15　2005~2015 年沈阳市专利授权情况

年份	专利授权量（件）	增速（%）	占比（%）
2005	2224	—	50.39
2006	2514	13.04	57.97
2007	2848	13.29	58.06
2008	3105	9.02	49.65
2009	3637	17.13	47.18
2010	5165	42.01	51.39

续表

年份	专利授权量（件）	增速（%）	占比（%）
2011	5456	5.63	45.83
2012	6752	23.75	52.35
2013	6924	2.55	68.89
2014	6661	-3.80	44.28
2015	9034	35.63	49.88

资料来源：《沈阳统计年鉴》《沈阳市国民经济和社会发展统计公报》。

2005~2015 年沈阳市发明专利授权量增速波动较大，最高时为 2015 年的 61.84%，最低时为 2013 年的-1.32%。占整个专利授权量的比重方面，则一直呈现上升趋势，由 2005 年的 18.17%，上升到 2015 年的 29.67%，不过比重虽然在增加，但是目前不到 30%的占比还是略低。占发明专利申请量的比重方面，则始终在 20%~30%上下波动（见表 4-16）。

表 4-16　2005~2015 年沈阳市发明专利情况

年份	发明专利授权量（件）	增速（%）	占专利授权量比重（%）	占发明专利申请量比重（%）
2005	404	—	18.17	27.75
2006	452	11.88	17.98	26.95
2007	486	7.52	17.06	21.33
2008	694	42.80	22.35	25.90
2009	802	15.56	22.05	27.47
2010	1010	25.94	19.55	26.06
2011	1302	28.91	23.86	26.68
2012	1595	22.50	23.62	27.94
2013	1574	-1.32	22.73	20.79
2014	1656	5.21	24.86	18.48
2015	2680	61.84	29.67	26.95

资料来源：《沈阳统计年鉴》《沈阳市国民经济和社会发展统计公报》。

综上可以看出，沈阳市专利授权量与专利申请量类似，增长速度波动较大，表明沈阳市专利申请与授权方面缺乏长效机制，对于数量增长缺乏长足保障；发明专利授权量占整个发明专利授权量的比重以及发明专利授权量占发明专利申请量的比重均较少，仅有20%~30%，表明沈阳市专利申请与授权在发明专利方面仍然存在“短板”，实用新型和外观设计占比较大，未来应该进一步加强发明专利申请和授权方面的激励措施。

（三）新产品销售收入

新产品指采用新技术原理、新设计构思研制、生产的全新产品，或在结构、材质、工艺等某一方面比原有产品有明显改进，从而显著提高了产品性能或扩大了使用功能的产品。既包括政府有关部门认定并在有效期内的新产品，也包括企业自行研制开发、未经政府有关部门认定、从投产之日起一年之内的新产品。用来反映科技产出及对经济增长的直接贡献。

2005~2015年沈阳市规模以上工业企业的新产品销售收入总体上为增加，2005年为343.16亿元，2015年增长为652.89亿元，增加了90.26%。在这中间，2009年、2012年和2013年新产品销售收入较高，分别为774.64亿元、853.21亿元和800.46亿元（见图4-8）。值得注意的是，自2013年起，连续三年新产品销售收入均比上一年减少，减少幅度分别为-6.18%、-13.90%和-5.27%。

1. 不同企业类型新产品销售收入情况

在沈阳不同类型的企业中，有限责任公司新产品销售收入最多，在500亿元以上；其次是私营企业，但是2014年、2015年私营企业的新产品销售收入下降幅度较大；股份有限公司新产品销售收入也由2013年的84.55亿元下降到了2015年的52.44亿元（见表4-17）。在几种企业类型

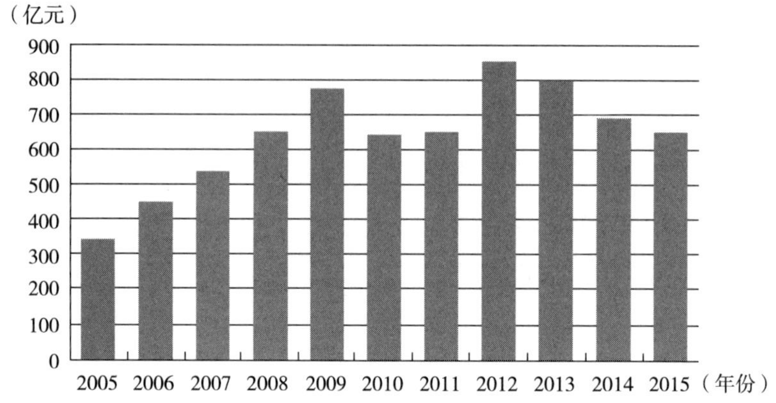

图 4-8　2005~2015 年沈阳市规模以上工业企业新产品销售收入

资料来源：《沈阳统计年鉴》。

中，只有外商投资企业的新产品销售收入是连年增加的，国有企业、私营企业、有限责任公司和股份有限公司未来应该加大新产品的开发投入，增加新产品的销售收入。

表 4-17　2013~2015 年沈阳市不同企业类型新产品销售收入情况

单位：亿元

年份	2013	2014	2015
内资企业	762. 70	647. 24	601. 97
国有企业	8. 79	4. 06	12. 46
集体企业	2. 50	—	—
股份合作企业	1. 28	—	—
有限责任公司	526. 20	523. 54	507. 83
股份有限公司	84. 55	69. 01	52. 44
私营企业	139. 38	50. 63	29. 24
其他企业	—	—	—
港、澳、台商投资企业	12. 72	9	9. 11
外商投资企业	25. 04	35. 67	41. 81

资料来源：《沈阳统计年鉴》。

2. 制造业新产品销售收入情况

2013～2015 年沈阳市制造业中，新产品销售收入多集中在通用设备制造业、专用设备制造业、汽车制造业以及铁路、船舶、航空航天和其他运输设备制造业，基本在 100 亿元以上（见表 4-18）。从变动趋势来看，除了铁路、船舶、航空航天和其他运输设备制造业以外，剩下的通用设备制造业、专用设备制造业以及汽车制作业均连年减少。

表 4-18　2013～2015 年沈阳市制造业部分行业新产品销售收入情况

单位：亿元

年份	2013	2014	2015
农副食品加工业	442065	71215	64660
食品制造业	—	9126	—
酒、饮料和精制茶制造业	—	—	—
造纸和纸制品业	11039	9492	1716
印刷和记录媒介复制业	—	5500	6600
文教、工美、体育和娱乐用品制造业	—	242	—
石油加工、炼焦和核燃料加工业	96195	11522	119123
化学原料和化学制品制造业	60893	58595	50197
医药制造业	13. 43	178573	158977
橡胶和塑料制品业	29649	24323	47148
非金属矿物制品业	17. 64	26378	7779
黑色金属冶炼和压延加工业	63882	27861	3402
有色金属冶炼和压延加工业	44769	59148	104236
金属制品业	17. 85	8. 19	12. 63
通用设备制造业	136. 49	123. 76	104. 90
专用设备制造业	137. 46	113. 57	96. 60
汽车制造业	124. 52	123. 64	93. 24
铁路、船舶、航空航天和其他运输设备制造业	203. 44	197. 74	225. 38

续表

年份	2013	2014	2015
电气机械和器材制造业	46.06	53.89	40.44
计算机、通信和其他电子设备制造业	16.25	3.88	3.7
仪器仪表制造业	12.24	15.17	18.08

注：部分数据缺失。

资料来源：《沈阳统计年鉴》。

（四）高科技产品产值

在总量上，2005~2014年沈阳市规模以上工业企业的高科技产品产值处于连年上升状态，2015年则明显下降。整体由2005年的977.8亿元，增加到2014年的5757.4亿元，后又下降到2015年的3362.5亿元（见图4-9）。在增速上，则基本连年减少，其中2012年相较于2011年增加了8.86%，2013年相较于2012年增加了11.9%，2014年相较于2013年增加了2.36%，2015年相较于2014年减少了41.6%。

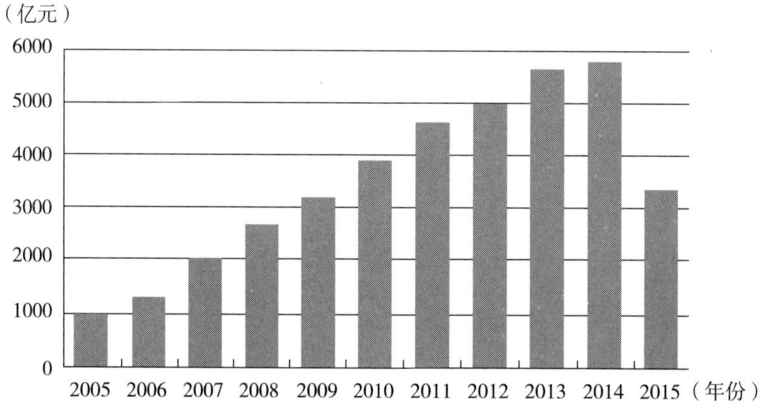

图4-9　2005~2015年沈阳市规模以上工业企业高科技产品产值

资料来源：《沈阳统计年鉴》。

1. 不同企业类型高科技产品产值情况

有限责任公司、私营企业和外商投资企业的高科技产品产值最多，平均在1000亿元以上（见表4-19）。从变动趋势上来看，则基本都是连年下降。在前文关于高新技术产品种类的分析中，有限责任公司高新技术产品种类最多，私营企业次之，外商投资企业再次之；在高科技产品产值方面，则是外商投资企业最多，私营企业次之，有限责任公司再次之。在高新技术产品投入产出方面，这几类企业或多或少存在投入产出不平衡的问题，未来应进一步加大高新技术产品投入，以获得更高的产品产值。

表4-19　2013~2015年沈阳市不同企业类型高科技产品产值情况

单位：亿元

年份	2013	2014	2015
内资企业	3308.38	3304.65	1543.88
国有企业	108.66	70.99	55.51
集体企业	21.98	20.78	15.70
股份合作企业	21.27	22.53	6.50
有限责任公司	1217.16	1095.35	607.55
股份有限公司	278.47	366.73	208.80
私营企业	1647.92	1721.79	646.99
其他企业	9.09	6.48	2.83
港、澳、台商投资企业	231.52	200.20	112.81
外商投资企业	2084.77	2252.57	1705.80

资料来源：《沈阳统计年鉴》。

2. 制造业高科技产品产值情况

高科技产品产值多集中在农副食品加工业、通用设备制造业、金属制品业、专用设备制造业、橡胶和塑料制品业，平均产值在 200 亿元以上（见表 4-20）。从变动趋势上来看，基本所有行业都连年负增长。在前文关于高新技术产品种类的分析中，电气机械和器材制造业高新技术产品种类最多，通用设备制造业次之，汽车制造业再次之；在高科技产品产值方面，则是通用设备制造业最多，农副食品加工业次之，金属制品业再次之。由此可以看到，在高新技术产品投入产出方面，沈阳制造业中存在投入产出不平衡的问题，未来应注重产出平衡，提高高科技产品的应用价值，争取取得更好的经济效益。

表 4-20　2013~2015 年沈阳市制造业部分行业高科技产品产值情况

单位：亿元

年份	2013	2014	2015
农副食品加工业	4498186	4293497	1357970
食品制造业	664288	502815	70352
酒、饮料和精制茶制造业	181187	180258	75662
纺织业	111333	123736	21223
纺织服装、服饰业	51734	33815	—
木材加工和木、竹、藤、棕、草制品业	23500	26550	—
造纸和纸制品业	298980	250842	25166
印刷和记录媒介复制业	132503	147889	—
文教、工美、体育和娱乐用品制造业	24393	25097	—
石油加工、炼焦和核燃料加工业	275337	195459	30855
化学原料和化学制品制造业	914244	822758	647748
医药制造业	1796307	1846540	1708255
橡胶和塑料制品业	2464283	2514555	673183

续表

年份	2013	2014	2015
非金属矿物制品业	2226951	2599205	840546
黑色金属冶炼和压延加工业	1170192	1300070	432471
有色金属冶炼和压延加工业	1211060	861791	830245
金属制品业	3478906	3856808	329776
通用设备制造业	5532361	5241801	2960419
专用设备制造业	2907158	3108637	1980232
汽车制造业	16305369	19601247	16854459
铁路、船舶、航空航天和其他运输设备制造业	2343207	370430	321452
电气机械和器材制造业	5786453	5715863	2597377
计算机、通信和其他电子设备制造业	3237459	3233528	—
仪器仪表制造业	33.41	41.47	—

注：部分数据缺失。

资料来源：《沈阳统计年鉴》。

通过上文对沈阳创新资源产出水平的分析，可以看出，在保证一定量的创新资源投入的基础上，研发项目、专利授权、新产品销售收入以及高科技产品产值等方面的创新资源产出存在一定的问题。

首先是研发项目。沈阳研发项目水平与研发人员、研发经费等方面的投入基本持平。同时，近年来均呈下降趋势。未来应更加注重研发方面的投入力度。

其次是专利授权。多年来，沈阳专利授权量基本可以占申请量的50%。发明专利方面，无论是占发明专利申请量的比重，还是占整个专利授权量的比重，均只有20%左右。未来应该进一步加强发明专利的申请，同时，提高发明专利的授权比重。

再次是新产品销售收入。2013~2015年，沈阳市规模以上工业企业的新产品销售收入基本是逐年下降。在几种企业类型中，只有外商投资企业的新产品销售收入是连年增加的。在制造业中，只有铁路、船舶、航空航天和其他运输设备制造业的新产品销售收入为正向增长。

最后是高新技术产品产值。沈阳市规模以上工业企业的高新技术产品产值总体上是上升趋势，不过2015年有了较为明显的下降。在有限责任公司、私营企业、外商投资企业这几种企业类型中以及农副食品加工业、通用设备制造业、金属制品业、专用设备制造业、橡胶和塑料制品业等几种行业中，存在一定程度上的投入产出不平衡，需要未来做进一步的努力和改进。

四、科技创新环境

（一）高校生占总人口比重

高校生作为科技创新活动的主力军，以及科技创新人才的后备军，对于未来沈阳市科技创新能力的提高有不可忽视的作用。

2005~2015年，沈阳普通高等院校在校生数总体呈现先下降后上升的趋势，沈阳市总人数则总体呈现上升的趋势。从高校生所占比重上来看，2005年、2006年比重较高，均在6%以上，之后开始有小幅的上下波动，2012~2015年比重逐年增加，但幅度较小（见表4-21）。总的来看，在沈阳市总人口逐年上升的情况下，普通高等院校的在校生数也在上升，高校生所占比重也在平稳增加。未来应更加注重高校生的科技创新能力培养，同时扩大高校生规模，始终为沈阳科技创新活动提供人才支撑。

表 4-21　2005～2015 年沈阳市高校生情况

年份	在校生数（万人）	总人数（万人）	高校生占总人口比重（%）
2005	43.2	698.6	6.18
2006	45.6	703.6	6.48
2007	31.8	709.8	4.48
2008	32.7	713.5	4.58
2009	34.2	798.7	4.28
2010	34.9	810.6	4.31
2011	37.4	818.0	4.57
2012	36.9	822.8	4.48
2013	38.4	825.7	4.65
2014	40	828.7	4.83
2015	40.4	829.1	4.87

资料来源：《沈阳统计年鉴》。

（二）财政科技支出

在市场发挥资源配置基础性作用的今天，政府宏观调控依然发挥着不可忽视的作用。政府财政支出是政府调控的重要手段之一。

在沈阳市一般公共预算各项支出中，社会保障和就业、教育、一般公共事务、城乡社区事务预算支出占比最多，而科学技术方面，年均占比仅在 3.05%，整体排名较后。同时，近年来，沈阳市财政科技支出占比还有下降的趋势（见表 4-22）。可以看出，沈阳市政府在科学技术方面的投入和重视还不够，而技术进步和创新离不开政府的引导和扶持。

表 4-22　2010~2015 年沈阳市一般公共预算主要支出项目　　单位：%

主要支出项目	2010 年	2011 年	2012 年	2013 年	2014 年	2015 年
社会保障和就业	18.35	17.12	16.36	15.65	17.18	20.94
教育	14.92	15.00	15.59	14.93	12.84	13.31
一般公共服务	12.97	11.72	11.97	10.83	10.35	9.40
城乡社区事务	11.90	14.22	16.45	18.92	20.12	16.21
公共安全	7.38	5.87	6.05	5.05	5.03	5.96
农林水事务	5.11	4.63	5.06	5.09	5.39	5.92
医疗卫生	5.18	5.08	4.78	4.10	4.88	6.11
资源勘探信息等支出	7.79	6.37	5.18	5.71	4.44	4.02
住房保障支出	4.80	5.67	3.85	5.68	5.29	2.23
节能环保	2.05	2.22	2.78	2.08	2.15	3.54
交通运输	1.64	2.52	3.41	3.48	4.10	4.59
科学技术	2.97	3.18	3.22	3.15	2.91	2.90
商业服务业等支出	1.40	2.11	1.36	1.69	2.07	1.13
文化体育与传媒	1.69	1.69	1.71	1.66	1.69	2.20
其他支出	0.59	0.75	0.66	0.65	0.46	0.19
国防	0.25	0.27	0.40	0.41	0.22	0.10
金融支出	0.21	0.18	0.20	0.25	0.11	0.07

资料来源：《沈阳统计年鉴》。

（三）科技市场成交额

科技市场是从事技术中介服务和技术商品经营活动的场所。它以推动科技成果向现实生产力转化为宗旨，具体开展技术开发、技术转让、技术咨询、技术服务、技术承包；生产或经销科研中试产品和科技新产品；组织和开展技术成果的推广与应用等，技术覆盖面涉及所有技术领域。

表 4-23 是 2005~2015 年沈阳市科技市场的成交额情况。

表 4-23　2005~2015 年沈阳市科技市场成交额情况

年份	2005	2006	2007	2008	2009	2010	2011	2012	2013	2014	2015
总量（亿元）	37.29	40.20	51.00	58.06	67.47	73.90	81.00	120.70	127.90	139.30	152.40
增速（%）	—	7.80	26.87	13.84	16.21	9.53	9.61	49.01	5.97	8.91	9.40

资料来源：《沈阳统计年鉴》。

2005~2015 年，沈阳市的科技市场成交额情况比较理想。从总量上来看，由 2005 年的 37.29 亿元增长到 2015 年的 152.4 亿元，翻了两番。从增长速度上来看，2005~2015 年，沈阳市的科技市场成交额始终呈现正向增长，其中 2007 年、2008 年、2009 年以及 2012 年增速较快，其余年份增速较为稳定，基本维持在 7%~9%。由此可以看出，沈阳科技市场发展较为稳定，成交额也在稳步增长，为沈阳科技创新的发展提供了良好的环境。

从科技创新环境的角度对沈阳市的科技创新情况进行分析，主要包括高校生占总人口比重、财政科技支出以及科技市场成交额。

首先是高校生占总人口比重情况。近年来，比重呈平稳增长态势，在 4.8%以上，高校生是从事科技创新活动的生力军，我们应该重视高校人才创新能力的培养。

其次是财政科技支出情况。本书列举了沈阳市一般公共预算的几项主要支出项目，并根据它们占总支出的比重大小进行了排序，可以看到，排名前四的为社会保障和就业、教育、一般公共事务以及城乡社区事务，而科学技术则排名较后，这体现出当前沈阳市政府对科技创新的投入稍有欠缺，相信未来有了政府的大力扶持，沈阳的科技创新会取得显著进步。

最后是科技市场成交额情况。科技市场事实上是科技成果转化的市场，科技市场发展情况在一定程度上能够反映出科技成果转化情况。目前来看，沈阳市科技市场成交额呈现稳步增长态势，未来依然有较好的发展前景。

第五章　辽宁省创新驱动现状

科学技术部有关部门自 1993 年开展了对全国科技进步统计监测及综合评价的研究，逐步形成了较为规范的监测及综合评价制度，并定期向社会公布。由于这项监测体系公信度高，监测及评价方法科学，成为我国近年来各项监测及综合评价研究中极具权威性的一项成果。根据国家公布的《全国科技进步统计监测指标体系和监测标准》中的有关内容，对辽宁省的技术水平现状进行分析。

一、科技人力资源

科技人力资源是指实际从事或者有潜力从事系统性科学和技术知识的产生、发展、传播和应用活动的人力资源，其中包括实际从事科技活动或科技职业的人员和有潜能从事科技活动或科技职业的人员两个方面。科技人力资源对技术进步，乃至经济发展具有重要的推动作用。关于科技人力资源的测度指标主要有科技活动人员、R&D 人员和专业技术人员。

（一）科技活动人员总量规模

辽宁省科技活动人员总数呈上升趋势，2000 年辽宁省科技活动人员总数为 16.5 万人，2015 年已上升为 29.7 万人。2002 年和 2010 年有较为明显的下降。2005 年和 2009 年科技活动人员增长率最高，达到 12%以上（见图 5-1）。近五年，辽宁省科技活动人员总体保持了较为平稳的增长趋势，平均增长率为 6.3%。

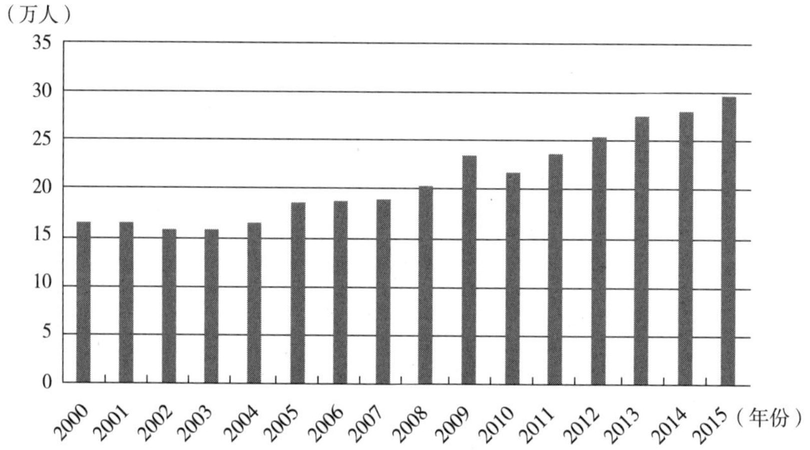

图 5-1　2000~2015 年辽宁省科技活动人员情况

资料来源：《辽宁统计年鉴》《辽宁省国民经济和社会发展统计公报》（2015 年）。

（二）科技活动人员结构

科技活动人员包括科学研究和开发机构、大中型工业企业、高等学校以及其他领域中的科技活动人员。

辽宁省科技活动人员部门分布中，企业科技人员呈上升趋势；科研机构科技人员变动较小，基本在 2 万人上下；高等学校科技人员变动具有明显的阶段性，2009 年以前在 2 万人上下，2009 年及以后人数增加到 5 万人以上（见表 5-1、图 5-2）。

表 5-1　2000~2014 年辽宁省科技活动人员部门分布　单位：万人

年份	科学研究和开发机构	大中型工业企业	高等学校	其他领域
2000	2. 3	7. 6	1. 9	4. 7
2001	2	8. 2	1. 9	4. 5
2002	2	8. 3	2	3. 5
2003	1. 9	8. 4	2. 5	3. 1
2004	1. 8	8. 4	2. 6	3. 8
2005	2	10	2. 6	4
2006	1. 9	9. 8	2. 9	4. 2
2007	2	10. 1	3. 1	3. 9
2008	2	10. 5	3. 3	4. 6
2009	1. 9	10. 4	5. 7	5. 5
2010	1. 81	10. 5	5. 8	3. 79
2011	1. 88	11. 4	5. 9	4. 62
2012	1. 93	12. 3	5. 7	5. 57
2013	2. 26	12. 8	6. 4	6. 14
2014	2. 34	12. 9	6. 6	6. 36

资料来源：《辽宁统计年鉴》。

在科技活动人员总数增加的情况下，大中型工业企业人数最多，所占科技活动人员总数的平均百分比为 49. 5%；其次是高等学校，所占科技活动人员总数的平均百分比为 18. 2%；最后是科研机构，所占科技活动人员总数的平均百分比为 10. 1%。从三者构成来看，企业仍然是主体，高等学校比重近年来有所增加。

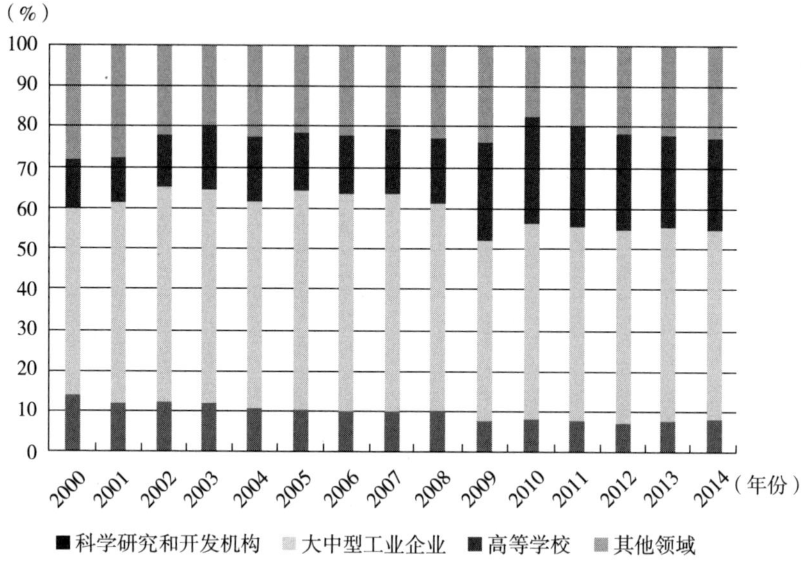

图 5-2 2000~2014 年辽宁省科技活动人员部门结构

资料来源:《辽宁统计年鉴》。

辽宁省人力资源总体情况较好，大中型工业企业中的科技活动人员最多，是从事技术创新活动的主体，高等学校中的科技活动人员相较于科研机构人数更多，应该充分利用高校优越的环境，推动科学技术理论的发展和科技成果的产出。

二、科技物质条件

固定资产投资是科技活动重要的物质技术基础以及提高科技进步水平极为重要的手段。科研物质条件包括每名 R&D 活动人员新增仪器设备费和科研与综合技术服务业新增固定资产占全社会新增固定资产比重。

辽宁省科研服务业的固定资产总额呈上升趋势。虽然在 2011 年有所下降，但是其总体呈现上涨趋势，并且增长速度较快，平均增长率达 30.03%（见图 5-3）。

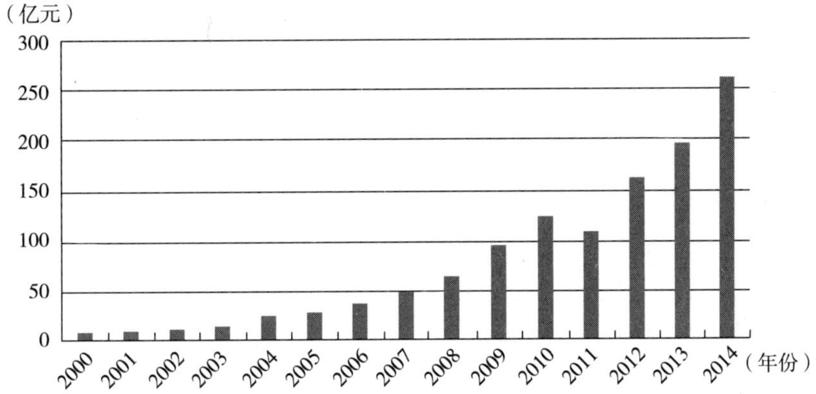

图 5-3　2000~2014 年辽宁省科研服务业固定资产总额

资料来源：《辽宁统计年鉴》。

辽宁省科研服务业的固定资产所占比重较为稳定，维持在 0.7%左右，到 2014 年，其所占比重甚至高达 1.06%（见图 5-4）。

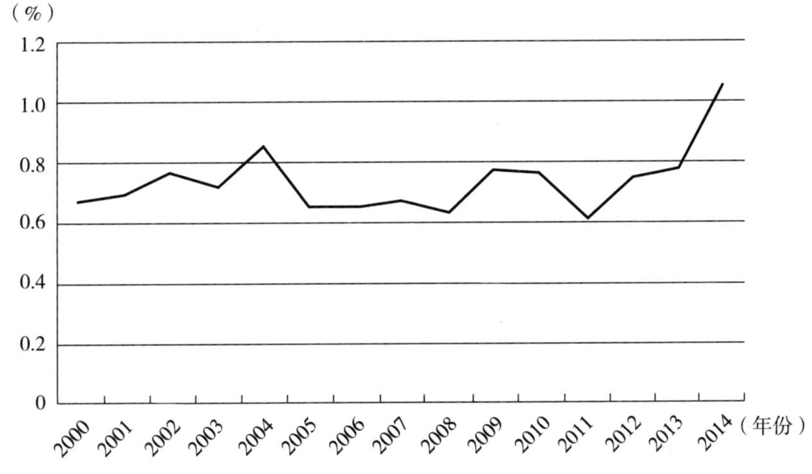

图 5-4　2000~2014 年辽宁省科研服务业固定资产总额占全社会固定资产投资总额比重

资料来源：《辽宁统计年鉴》。

固定资产投资是科技发展的重要物质条件，辽宁省科研服务业的固定资产总额在不断增加，但是相较于全社会固定资产投资，其比重仍然较低，日后应加大对科研服务业的投资力度。

三、科技意识

科技意识是人们重视科技和推动科技进步的思想意识，是人们对发展科学技术的看法和态度。科技意识是开展科技活动的思想基础。专利申请量，顾名思义是申请专利的数量。不同于专利受理量，专利申请是人的一种主动行为。通过考察申请专利的数量，可以一定程度上反映出人们对于科技创新的接受程度和重视程度，即科技意识。

2000~2015 年辽宁省专利的申请数量逐年增加，2000 年的专利申请量为 7151 项，到了 2015 年为 42153 项，增加了将近 5 倍（见图 5-5）。从增

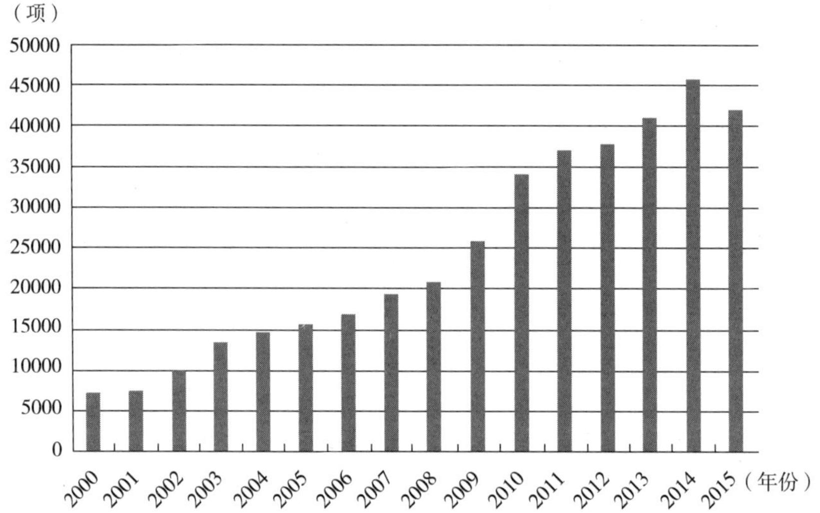

图 5-5　2000~2015 年辽宁省专利申请量

资料来源：《辽宁统计年鉴》。

长速度来看，2002 年、2003 年、2009 年和 2010 年增长速度最快，达到了 30%左右，2012 年增长速度最慢，仅有 2.04%。同时应该注意到，2015 年专利申请量下降了 8.36%之多。专利申请量能够体现科技意识，同时反映人们从事科技活动的活跃程度，当前专利申请量的大幅度下降，表明辽宁省从事科技活动的活跃度有所下降。

专利申请量是体现科技创新活力的指标之一，专利申请量的增加意味着科技意识的提高，创新活力的提升。当前辽宁省应该努力激发创新活力，增强科技意识，以提高技术水平。

四、人力投入

（一）研究与试验发展折合全时人员

对于科技活动的开展，科技人才的投入是首要因素。研究与试验发展折合全时人员是国际通用的衡量科技人才数量的标准之一。

辽宁省科技人才总体呈上升趋势，2000 年的研究与试验发展折合全时人员为 4.9 万人，2014 年为 10 万人，相较于 2000 年增加了 1 倍多（见图 5-6）。但同时也可以看到，2002 年下降了 3.77%，甚至 2010 年和 2011 年连续两年下降，下降幅度分别为 7.61%和 4.71%。从增长速度来看，增长最快的年限是 2009 年，增长率为 16.46%，最慢的是 2008 年，增长率为 1.28%。

由于辽宁省研究与试验发展折合全时人员的增减不定，以及各年增长率差距较大，因此导致过去 15 年，辽宁省的研究与试验发展人员增加幅度不大，2014 年仅是 2000 年的 2 倍。作为科技活动的主体，科技人才的持

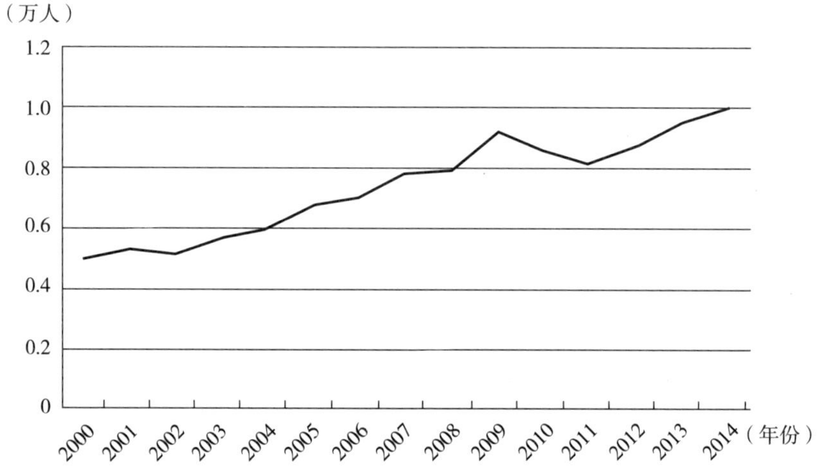

图 5-6　2000~2014 年辽宁省研究与试验发展折合全时人员

资料来源：《辽宁统计年鉴》。

续增加是科技活动进行下去的有力保障，因此辽宁省应该注意保证科技人才的稳定持续增加。

（二）研究与试验发展折合全时人员结构

研究与试验发展折合全时人员根据部门分布，可以分为科学研究与开发机构、大中型工业企业、高等学校以及其他领域。

在科学研究与开发机构、大中型工业企业和高等学校中，企业中的研发人员最多，其次是高等学校，最后是科研机构。从三者变化趋势来看，科研机构研发人员经历了一个由多到少再到多的过程；企业研发人员整体是上升的，个别年份如 2002 年、2008 年和 2011 年有略微下降；高等学校研发人员变动较小，2000 年为 0.9 万人，2014 年为 1.7 万人（见表 5-2、图 5-7）。

表 5-2　2000~2014 年辽宁省研究与试验发展折合全时人员部门分布

单位：万人

年份	大中型工业企业	科学研究与开发机构	高等学校	其他领域
2000	2.1	1	0.9	0.9
2001	2.8	1	0.9	0.6
2002	2.4	0.48	1	1.22
2003	2.8	0.46	1.2	1.14
2004	2.9	0.6	1.2	1.3
2005	3.2	0.55	1.3	1.65
2006	3.4	0.55	1.5	1.55
2007	4.1	0.54	1.5	1.66
2008	4	0.59	1.6	1.71
2009	5.2	1.09	1.5	1.41
2010	4.5	1.13	1.6	1.27
2011	4	1.22	1.5	1.38
2012	4.2	1.29	1.6	1.61
2013	4.6	1.38	1.7	1.82
2014	4.8	1.38	1.7	2.12

资料来源：《辽宁统计年鉴》。

在科学研究与开发机构、大中型工业企业和高等学校中，大中型工业企业的研究与试验发展折合全时人员无疑是绝对的主体地位，占比将近50%；高等学校比重略微有所下降，占比 17%，科研机构比重先下降后上升。

辽宁省以企业为主的科技人才部门分布结构较为合理，应该继续发挥大中型工业企业的主体地位，推动辽宁省技术水平向前发展。

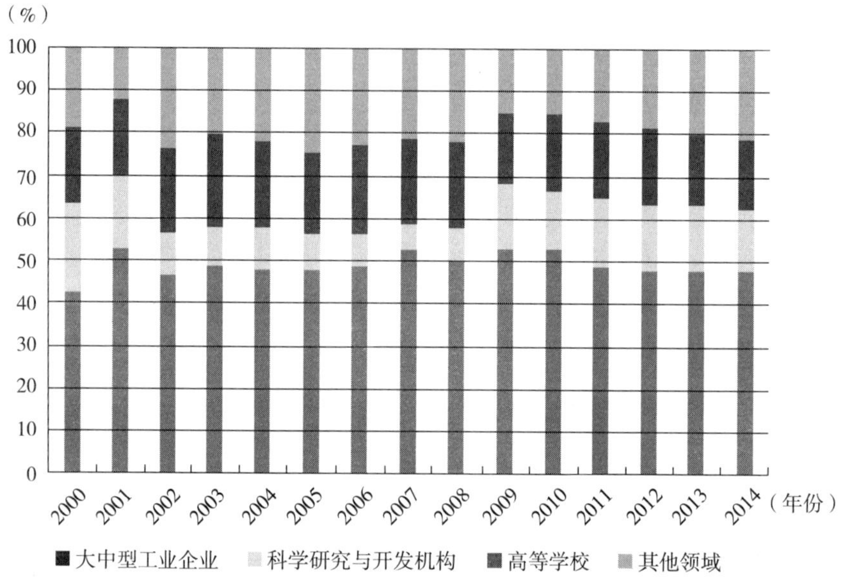

图 5-7　2000~2014 年辽宁省研究与试验发展折合全时人员部门结构

资料来源：《辽宁统计年鉴》。

五、财力投入

(一) R&D 投入强度

R&D 投入强度是指 R&D 占 GDP 的百分比，它可以反映出一个地区在科技创新方面的投入程度和努力程度。整理辽宁省和全国 2004~2015 年的 R&D 水平及其占 GDP 的比重，具体如图 5-8 所示。

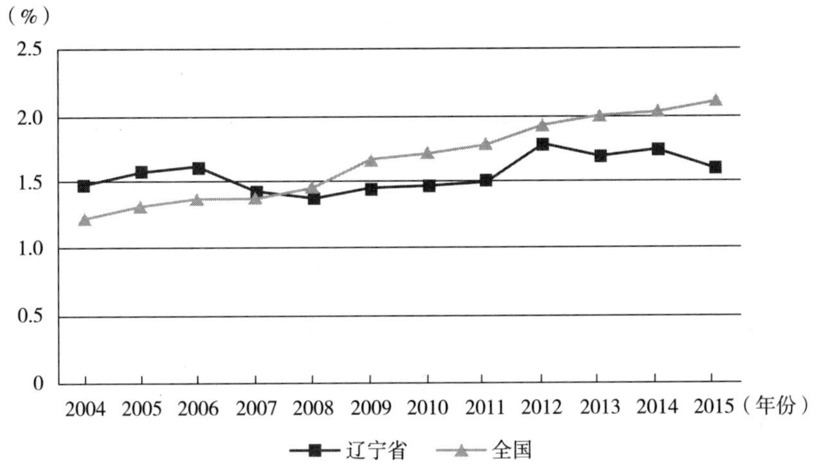

图 5-8　2004~2015 年辽宁省与全国 R&D 投入强度的比较

资料来源：《辽宁省国民经济和社会发展统计公报》以及国家统计局。

辽宁省 R&D 投入强度变化起伏不定，整体趋势不是很明显。经过十余年的发展，R&D 投入强度从 2004 年的 1.48%增长到 2015 年的 1.6%，这其中，强度最大的时间是 2012 年和 2013 年，达到 1.9%以上。

通过与全国水平进行比较，可以看出在 2008 年以前，辽宁省的 R&D 投入强度是高于全国水平的，说明辽宁省 R&D 投入基础较好，但是自 2008 年起，强度开始落后于全国水平。2015 年，全国 R&D 投入强度为 2.1%，而辽宁省只有 1.6%。从长期看，全国 R&D 投入强度有上升趋势，而辽宁省则是有下降趋势，二者差距逐步扩大。

当前辽宁省经济发展遇到瓶颈，经济增长方式亟须转变，技术进步的作用日益凸显，而在这种时候，辽宁省 R&D 投入强度降低，无疑更加制约了经济发展。

根据 R&D 的定义，其有三种使用类型，分别是基础研究、应用研究和试验发展。

从各自比例变动情况来看，基础研究比重基本上是逐年增加的，2014

年所占比重达到 4.62%；应用研究比重有增有减，最高时是 2005 年的 18.52%；试验发展比重变化平稳且呈上涨趋势。从三者结构来看，试验发展占绝对主体地位，占 80%以上，应用研究次之，占 15%左右，基础研究最末，占 3%左右（见图 5-9）。

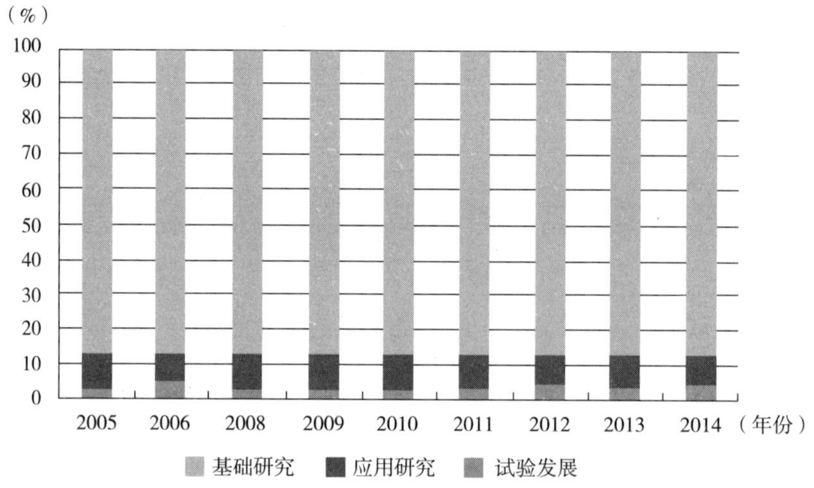

图 5-9　2005~2014 年辽宁省三种 R&D 投入类型

注：2007 年关于基础研究、应用研究和试验发展的数据暂时缺失。

资料来源：《辽宁统计年鉴》（2015）。

基础研究的目的是认识现象，获取关于现象和事实的基本原理的知识，而不考虑其直接的应用，应用研究在获得知识的过程中具有特定的应用目的。它们二者均是扩大科学技术知识，而试验发展则是利用从基础研究、应用研究和实际经验所获得的现有知识，为产生新的产品、材料和装置，建立新的工艺、系统和服务。从三者的这种关系可以看出，试验发展是在基础研究和应用研究基础之上的科技成果的运用，试验发展效果如何一定程度上取决于基础研究和应用研究成果如何。因此，在科学研究中，首先要做的便是基础研究和应用研究，发现新知识、新技术，为试验发展提供支撑。

辽宁省目前试验发展占据了 R&D 经费的绝大部分，而起基础和决定性作用的基础研究则比例很小。长此以往，导致的结果用市场术语来描述的话，就是现有技术充斥整个市场，而新知识、新技术则供应不足，最终影响整个市场的效率和规模。

（二）政府财政科技比重

在市场发挥资源配置基础性作用的今天，政府宏观调控依然发挥着不可忽视的作用。政府财政支出是政府调控的重要手段之一。

辽宁省科学技术在财政支出中所占的比重维持在 2%左右（见图 5-10），比重较低。在辽宁省的财政支出结构中，教育、社会保障及城乡社区事务支出最多，科学技术支出与环境保护支出比较接近（见表 5-3）。这体现出辽宁省政府在科学技术方面的投入和重视还不够，而技术进步和创新离不开政府的引导和扶持。

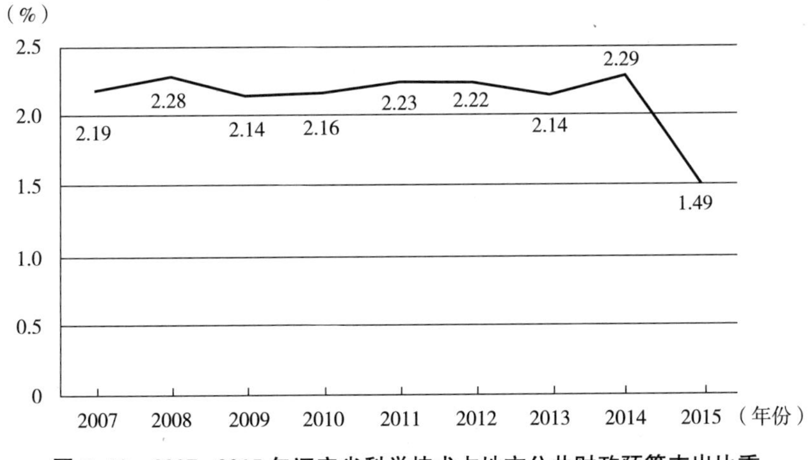

图 5-10　2007~2015 年辽宁省科学技术占地方公共财政预算支出比重

资料来源：国家统计局。

表 5-3　2008～2014 年辽宁省地方公共财政预算主要支出项目

单位：亿元

指标＼年份	2008	2009	2010	2011	2012	2013	2014
地方财政一般预算支出	2153. 43	2682. 39	3195. 82	3905. 85	4558. 59	5197. 42	5080. 49
公共服务	307. 65	329. 16	352. 4	415. 23	485. 71	501. 34	436. 29
国防	5. 38	7. 49	7. 58	11. 43	13. 75	11. 99	11. 97
公共安全	147. 58	154. 16	191. 29	210. 29	228. 8	244. 57	235. 67
教育	306. 36	346. 73	405. 39	544. 09	728. 79	669. 48	604. 49
科学技术	49. 02	57. 49	68. 9	87. 2	101. 24	118. 99	108. 82
文化体育与传媒	29. 94	76. 25	56. 76	68. 6	79. 25	95. 34	92. 6
社会保障和就业	469. 97	518. 07	579. 84	657. 36	727. 71	824. 03	895. 91
医疗卫生	83. 9	163. 32	151. 36	182. 07	200. 19	229. 5	273. 61
环境保护	48. 18	55. 71	77. 44	74. 2	93. 27	108. 59	106. 1
城乡社区事务	217. 22	289. 66	360. 31	442. 58	595. 19	807. 26	849. 5
农林水事务	149. 29	240. 71	289	329. 2	405. 02	466. 52	443. 85
交通运输	37. 25	106. 6	140. 29	220. 53	256. 1	302. 51	310. 89
其他	80. 4	125. 4	73. 38	76	83. 34	146. 33	88. 98

资料来源：国家统计局。

（三）企业技术引进和消化吸收经费支出

企业技术引进和消化吸收经费支出可以反映出企业对于技术创新活动的投入程度，它是提高企业科技创新能力的一项重要支出。从企业的角度来说，企业技术引进和消化吸收能够淘汰落后的生产技术，提高企业技术优势，扩大产品的市场需求；从国家的角度来说，我国技术水平相对来说仍然比较落后，通过技术引进可以发挥我国后发优势，快速提高技术水平。大中型工业企业是技术引进的主要部门。因此，本书主要分析辽宁省大中型工业企业的技术引进和消化吸收方面的经费支出，进一步得出科技活动的财力投入情况。

辽宁省大中型工业企业技术引进的经费支出整体变化幅度较大。2009 年及以前，技术引进经费支出较高，最高为 2009 年的 27.4 亿元。在 2000~2009 年，技术引进经费支出基本在 20 亿元左右，说明当时企业对于技术有足够重视，希望通过技术引进提高企业效益。2009 年之后，技术引进经费支出骤降，2010 年仅有 6.4 亿元。近年虽有增长的趋势，但是支出也仅有 5 亿元左右（见图 5-11）。技术引进支出的减少表明当前企业对于技术的重视程度不够，忽略了技术引进对企业科技水平提高的重要作用。

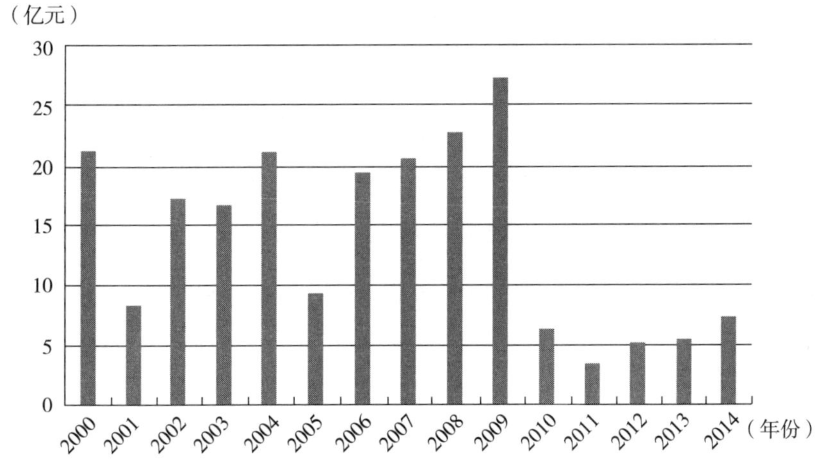

图 5-11　2000~2014 年辽宁省大中型工业企业技术引进经费支出

资料来源：《辽宁统计年鉴》。

技术引进是技术相对落后的企业快速有效提高技术水平的一种方式。辽宁省近年来技术引进经费支出的骤减，或许是因为企业自主创新能力的大大提高。但结合近年辽宁省的经济状况和技术水平，辽宁省这种技术引进的减少是一种不好的现象，当前的辽宁省企业仍缺乏自主创新的能力，对技术引进的忽视，导致了技术水平的落后。

辽宁省大中型工业企业技术引进和消化吸收的经费支出对比可以分为两个阶段：2000~2009年，技术引进的经费支出远远高于技术消化吸收的经费支出；2010~2014年，随着技术引进经费支出的减小和技术消化吸收经费支出的增加，二者差距明显变小（见图5-12）。

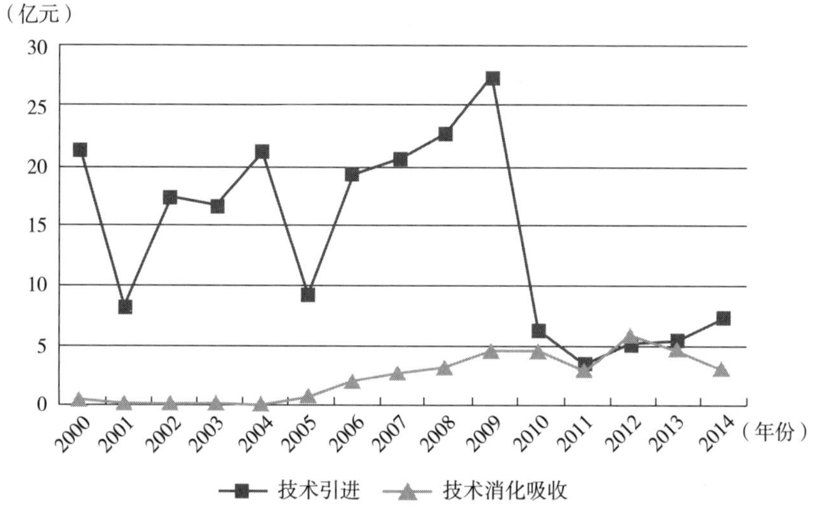

图5-12　2000~2014年辽宁省企业技术引进和消化吸收经费支出

资料来源：《辽宁统计年鉴》。

技术引进和技术消化吸收是一个连贯、缺一不可的过程。当技术被引进企业时，接下来要做的就是技术的消化和吸收，将技术真正内化为企业的核心竞争力和先进生产力，从而提高一个企业甚至一个国家的技术水平。

辽宁省企业技术引进和消化吸收方面存在两个问题：一是企业技术引进经费支出的减少。辽宁省当前技术水平仍然较低，依靠企业自主创新收效甚微，技术引进仍然是提高技术水平的主要和有效手段，因此应该加大这方面的投入。二是两者经费支出不平衡。企业技术引进的经费支出远大于技术消化吸收，说明企业仅仅注重技术的引进，满足于当时技术引进所带来的产品产量的提高或者生产成本的下降，而忽视了技术的消化和吸收，没有真正掌握一项技术的核心内容，这对企业甚至国家的技术水平的提高都是不利的。

六、技术成果市场化

市场化是指在开放的市场中，以市场需求为导向，竞争的优胜劣汰为手段，实现资源充分合理配制、效率最大化目标的机制。技术成果市场化就是在技术市场中，以市场需求为导向，对技术成果进行交易。

辽宁省技术市场成交额除 2006 年和 2013 年外，总体呈上升趋势，并且增长率较为固定，多数在 20%以上，2015 年的技术市场成交额是 2000 年的 6.36 倍。从合同数来看，2000~2015 年辽宁省的合同数变动较大，基本是先增后减的变化趋势（见表 5-4）。相比于 2000 年，2015 年辽宁省每份技术合同的成交额翻了 5.96 倍。由此可以发现，辽宁省的技术市场正在不断向前发展，市场规模正在不断扩大，但同时发展和扩大速度较慢。

表 5-4 2000~2015 年辽宁省技术市场成交额及成交合同数

年份	交易额（亿元）	增长率（%）	合同数（项）	增长率（%）
2000	34.78	—	11500	—
2001	40.87	17.51	10200	-11.30
2002	50.83	24.37	11000	7.84
2003	62.02	22.01	12000	9.09
2004	75.28	21.38	11000	-8.33

续表

年份	交易额（亿元）	增长率（%）	合同数（项）	增长率（%）
2005	86.52	14.93	13826	25.69
2006	80.65	-6.78	12547	-9.25
2007	92.93	15.23	15107	20.40
2008	99.73	7.32	—	—
2009	119.71	20.03	16024	—
2010	130.68	9.16	16385	2.25
2011	159.66	22.18	17236	5.19
2012	230.66	44.47	14676	-14.85
2013	173.38	-24.83	12800	-12.78
2014	217.46	25.42	11578	-9.55
2015	221.35	1.79	12287	6.12

注：2008 年辽宁省技术合同成交数缺失。

资料来源：《辽宁省国民经济和社会发展统计公报》。

七、高新技术产业化水平

高新技术产品，顾名思义，它含有较高的技术含量，其进出口往往可以推动一地的技术进步。通过进出口高新技术产品，可以加速先进技术的吸收和转化，促使先进技术成果转化为有效生产力，形成高新技术产业，促进经济发展。从高新技术产品出口规模、商品结构及主体结构三方面分析辽宁省高新技术产品出口情况。

（一）高新技术产品出口规模

江苏省是我国经济较为发达的省份，作为经济发达省份的代表之一，通过与其进行比较，能够明显看出辽宁省的差距与未来的努力方向。与江苏省相比，辽宁省高新技术产品占出口额比重较低，仅为江苏省的 1/4；与全国水平相比，辽宁省的差距也较大，我国高新技术产品出口比重在 30%左右，而辽宁省则是 10%左右（见图 5-13）。

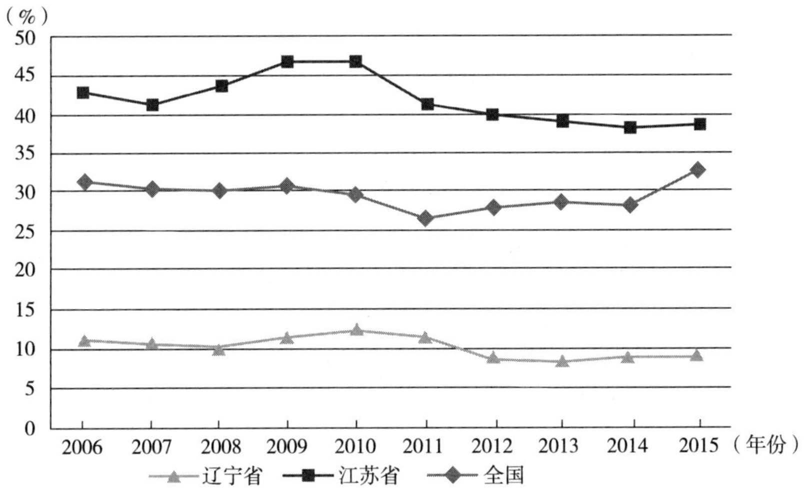

图 5-13　2006~2015 年辽宁省、江苏省及全国高新技术产品占出口额比重

资料来源：《辽宁省国民经济和社会发展统计公报》。

辽宁省进出口产品结构中，高新技术产品比重较小，一定程度上反映出辽宁省高新技术产业化水平较低，对于未来经济增长制约作用明显。

（二）高新技术产品出口商品结构

辽宁省高新技术产品主要包含在生物技术、生命科学技术、光电技术、计算机与通信技术、电子技术、计算机集成制造技术、材料技术、航空航天技术及其他领域。

2009~2013年，辽宁省高新技术产品主要集中在计算机与通信技术领域，比重虽连年下降，但也始终在50%以上。生命科学技术、电子技术和计算机集成制造技术领域比重均有上升趋势。其余领域变化趋势不明显（见表5-5）。

表5-5 2009~2013年辽宁省高新技术产品出口商品结构 单位：%

年份	生物技术	生命科学技术	光电技术	计算机与通信技术	电子技术	计算机集成制造技术	材料技术	航空航天技术	其他高新技术产品
2009	0.14	8.78	1.78	70.08	9.90	4.37	0.78	4.16	0.02
2010	0.13	7.63	1.76	69.90	9.86	5.25	1.97	3.49	0.01
2011	0.11	7.72	1.21	62.74	14.31	6.43	1.73	5.74	0.02
2012	0.16	10.07	1.96	59.65	14.25	7.80	1.62	4.41	0.08
2013	0.13	12.03	1.54	57.95	15.17	7.88	1.41	3.84	0.04

资料来源：根据沈阳市海关相关数据整理而得。

2014年1~3月，辽宁高新技术产品出口中比重最大的三个领域分别是计算机与通信技术领域（49.14%）、电子技术领域（19.61%）和生命科学技术领域（15.44%），如图5-14所示。由图5-15可知，2015年1~6月，计算机与通信技术领域比重有所下降，为42.29%，电子技术和计算机集成制造技术领域比重有所上升。由图5-16可知，2016年1~4月，计算机与通信技术领域比重进一步下降，生命科学技术、航空航天领域比重扩大。

总体来看，辽宁省高新技术产品出口结构日趋优化，曾经“一家独大”的计算机与通信技术正在逐渐缩小比重，生命科学技术、电子技术等领域出口产品比重正在扩大。

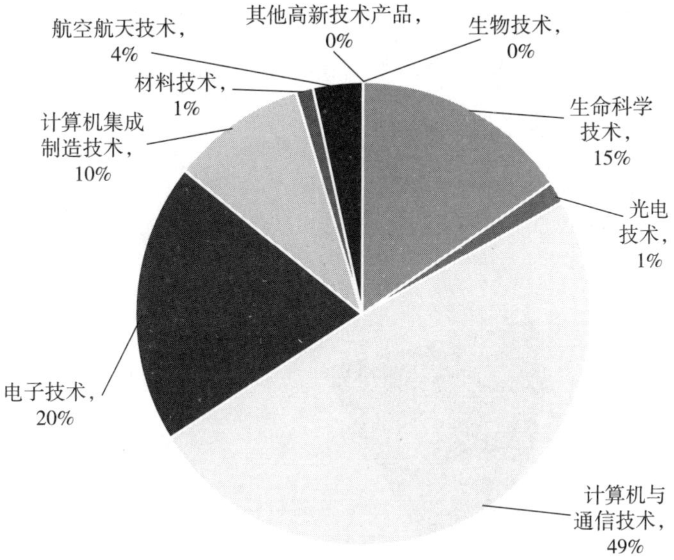

图 5-14 2014 年 1~3 月辽宁省高新技术产品出口商品结构

资料来源：根据沈阳市海关相关数据整理而得。

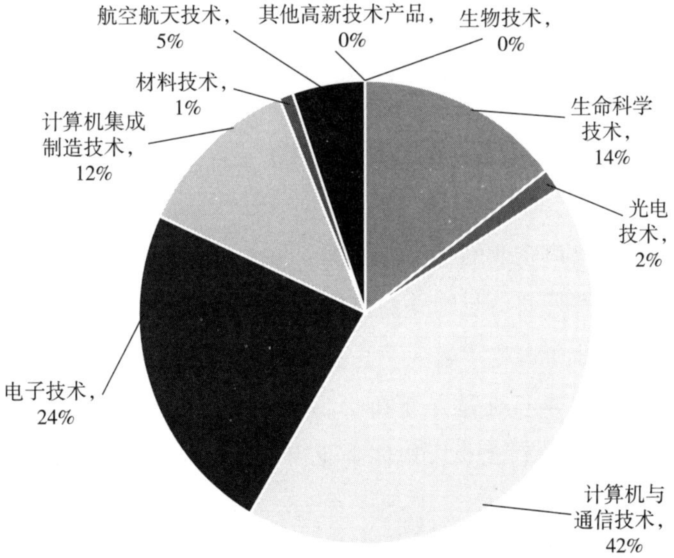

图 5-15 2015 年 1~6 月辽宁省高新技术产品出口商品结构

资料来源：根据沈阳市海关相关数据整理而得。

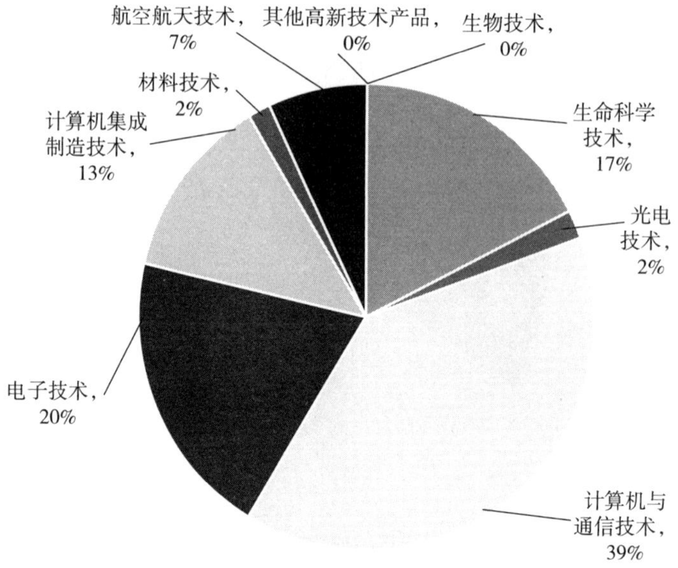

图 5-16　2016 年 1~4 月辽宁省高新技术产品出口商品结构

资料来源：根据沈阳市海关相关数据整理而得。

（三）高新技术产品出口主体结构

出口主体即出口企业的类型。2009~2013 年，辽宁省高新技术产品出口主体结构中，有外商参与的外商投资企业、中外合作企业、中外合资企业和外商独资企业所占比重最大，总和达 50%以上，同时，该比重有下降趋势；国有企业比重正在逐年下降，占 17%左右；私营企业比重逐年上升，2013 年比重已达到 33%；集体企业、个体工商户和其他企业所占比重很小（见表 5-6）。

表 5-6　2009~2013 年辽宁省高新技术产品出口主体结构　　单位：%

年份	国有企业	外商投资企业	中外合作企业	中外合资企业	外商独资企业	集体企业	私营企业	个体工商户	其他企业
2009	16. 53	32. 94	0. 85	17. 85	14. 24	1. 36	16. 13	0. 10	0. 00
2010	17. 63	32. 38	0. 76	16. 91	14. 71	1. 41	16. 14	0. 06	0. 00
2011	19. 38	31. 27	0. 67	15. 01	15. 59	1. 22	16. 82	0. 04	0. 00
2012	15. 65	28. 85	0. 58	11. 46	16. 81	1. 10	25. 42	0. 12	0. 00
2013	15. 04	25. 36	0. 51	11. 63	13. 21	0. 93	33. 07	0. 21	0. 05

资料来源：根据沈阳市海关相关数据整理而得。

辽宁省高新技术产品出口主体结构仍然是有外商参与的外商投资企业、中外合作企业、中外合资企业和外商独资企业所占比重最大，达到一半以上。而国有企业和私营企业比重仍然分别停留在 18%和 29%，所占比重较低（见图 5-17、图 5-18）。

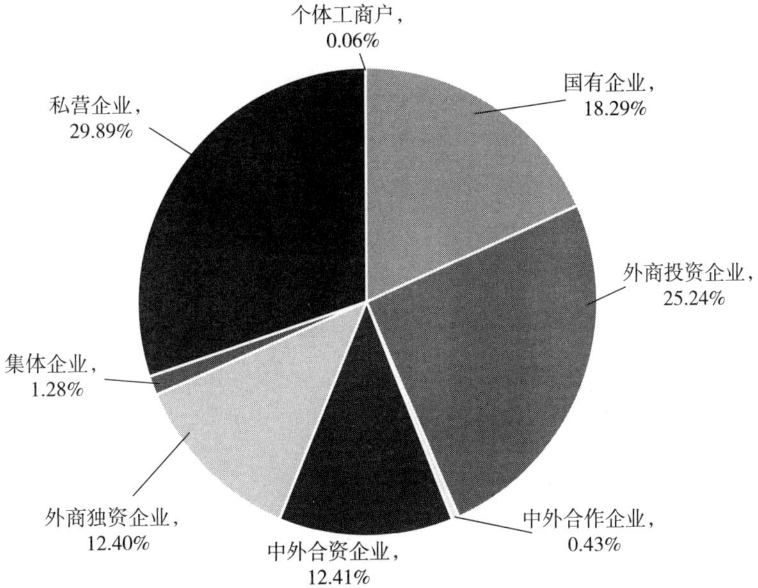

图 5-17　2014 年 1~3 月辽宁省高新技术产品出口主体结构

资料来源：根据沈阳市海关相关数据整理而得。

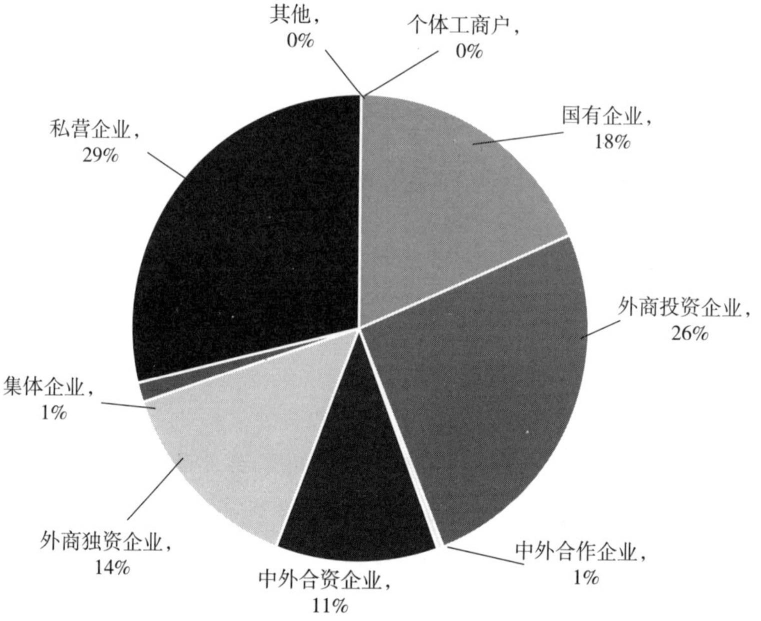

图 5-18　2015 年 1~6 月辽宁省高新技术产品出口主体结构

资料来源：根据沈阳市海关相关数据整理而得。

总的来看，辽宁省高新技术产品出口主体结构不尽合理，外商所占比重过大，而本土的国有企业和私营企业比重过低，体现出辽宁省企业自主创新能力较低的现状。

辽宁省科技人力资源较为丰富，结构较为合理。但是科研服务业投资较少，科技意识不强，财力投入不足，高新技术产业和技术市场发展较差。总的来说，辽宁省的技术水平仍较差，因此制约了其经济的发展。

第六章　创新驱动促进沈阳市经济增长实证研究

一、创新驱动对经济增长的影响机理研究

（一）影响机理的实证研究

1. 模型设定和样本说明

$$GDP_t = A_t \times K_t^{\alpha} L_t^{\beta} R_t^{\gamma} \tag{6-1}$$

对其两边取对数可得：

$$\ln GDP_t = \ln A_t + \alpha \ln K_t + \beta \ln L_t + \gamma \ln R_t \tag{6-2}$$

其中，GDP 为地区生产总值，K 为固定资产投资总额，L 为就业人数，R 为研究与试验发展经费支出。

考虑到该部分实证分析所需数据较多，而沈阳市相关指标数据最早只能追溯到 2005 年，关于技术创新对经济增长的影响机理研究采用全国数据。

本模型所需原始数据均来源于中华人民共和国国家统计局，时间范围为 1996~2015 年。为了消除异方差的影响，在实证分析前对所有变量数据进行了对数化处理，处理后的各指标用 lnGDP、lnK、lnL 和 lnR 来表示。

2. 单位根检验

单位根检验主要用来判定时间序列的平稳性。采用 ADF 检验法，以下是检验结果。

序列 lnGDP、lnK、lnR 的 ADF 统计值大于 5%置信水平下的临界值，接受“存在一个单位根”的原假设；序列 lnL 的 ADF 统计值均小于 5%置信水平下的临界值，拒绝“存在一个单位根”的原假设（见表 6-1）。因此，需要继续进行一阶差分序列的单位根检验。

表 6-1　序列 lnGDP、lnK、lnL、lnR 的单位根检验结果

序列	ADF 统计值	1%临界值	5%临界值	10%临界值	P 值
lnGDP	-2.732230	-3.920350	-3.065585	-2.673459	0.0904
lnK	-1.166409	-3.886751	-3.052169	-2.666593	0.6632
lnL	-17.13526	-3.831511	-3.029970	-2.655194	0.0000
lnR	-2.907362	-3.920350	-3.065585	-2.673459	0.0665

序列 dlnGDP、dlnK、dlnL、dlnR 的 ADF 统计值大于 5%置信水平下的临界值，接受“存在一个单位根”的原假设（见表 6-2）。因此，需要继续进行二阶差分序列的单位根检验。

表 6-2　序列 dlnGDP、dlnK、dlnL、dlnR 的单位根检验结果

序列	ADF 统计值	1%临界值	5%临界值	10%临界值	P 值
dlnGDP	0.138107	-4.667883	-3.733200	-3.310349	0.9944
dlnK	-1.711120	-4.571559	-3.690814	-3.286909	0.7038
dlnL	-0.974094	-4.667883	-3.733200	-3.310349	0.9192
dlnR	0.019975	-4.667883	-3.733200	-3.310349	0.9923

序列 ddlnGDP、ddlnK、ddlnL、ddlnR 的 ADF 统计值均小于 5%置信水平下的临界值，拒绝“存在一个单位根”的原假设（见表 6-3）。因此，各指标的二阶差分序列平稳。

表 6-3　序列 ddlnGDP、ddlnK、ddlnL、ddlnR 的单位根检验结果

序列	ADF 统计值	1%临界值	5%临界值	10%临界值	P 值
ddlnGDP	-7. 364822	-4. 667883	-3. 733200	-3. 310349	0. 0001
ddlnK	-6. 349686	-4. 616209	-3. 710482	-3. 297799	0. 0005
ddlnL	-5. 357563	-4. 667883	-3. 733200	-3. 310349	0. 0031
ddlnR	-7. 548202	-4. 667883	-3. 733200	-3. 310349	0. 0001

3. 协整检验

协整检验可以用来判定变量之间是否具有长期稳定的均衡关系。采用 Johansen 协整检验模型来进行协整检验，以判断 lnGDP 与 lnK、lnL、lnR 之间是否具有长期稳定的均衡关系。

在原假设“没有协整向量”下，迹统计量值大于 5%置信水平下的临界值，拒绝“没有协整向量”的原假设；在原假设“至多存在一个协整向量”下，迹统计量值大于 5%置信水平下的临界值，拒绝“至多存在一个协整向量”的原假设（见表 6-4）。

表 6-4　模型 lnGDP、lnK 的协整检验结果（特征根迹检验）

Hypothesized	—	Trace	0. 05	—
No. of CE（s）	Eigenvalue	Statistic	Critical Value	Prob. **
None *	0. 687995	24. 76588	15. 49471	0. 0015
At most 1 *	0. 253291	4. 965359	3. 841466	0. 0259

注：* 表示在 1%置信水平下显著，** 表示在 5%置信水平下显著。

在原假设“没有协整向量”下，最大特征值统计量值大于5%置信水平下的临界值，拒绝“没有协整向量”的原假设；在原假设“至多存在一个协整向量”下，最大特征值统计量值大于5%置信水平下的临界值，拒绝“至多存在一个协整向量”的原假设（见表6-5）。

表6-5 模型lnGDP、lnK的协整检验结果（最大特征值检验）

Hypothesized	—	Max-Eigen	0.05	—
No. of CE (s)	Eigenvalue	Statistic	Critical Value	Prob. **
None *	0.687995	19.80052	14.26460	0.0060
At most 1 *	0.253291	4.965359	3.841466	0.0259

综上所述，说明lnGDP和lnK之间存在至少两个协整关系，即GDP和固定资产投资总额之间存在长期稳定的均衡关系。

在原假设“没有协整向量”下，迹统计量值大于5%置信水平下的临界值，拒绝“没有协整向量”的原假设；在原假设“至多存在一个协整向量”下，迹统计量值大于5%置信水平下的临界值，拒绝“至多存在一个协整向量”的原假设（见表6-6）。

表6-6 模型lnGDP、lnL的协整检验结果（特征根迹检验）

Hypothesized	—	Trace	0.05	—
No. of CE (s)	Eigenvalue	Statistic	Critical Value	Prob. **
None *	0.719829	32.90972	15.49471	0.0001
At most 1 *	0.484959	11.27966	3.841466	0.0008

在原假设“没有协整向量”下，最大特征值统计量值大于5%置信水平下的临界值，拒绝“没有协整向量”的原假设；在原假设“至多存在一个协整向量”下，最大特征值统计量值大于5%置信水平下的临界值，拒绝“至多存在一个协整向量”的原假设（见表6-7）。

表 6-7　模型 lnGDP、lnL 的协整检验结果（最大特征值检验）

Hypothesized	—	Max-Eigen	0.05	—
No. of CE（s）	Eigenvalue	Statistic	Critical Value	Prob. **
None *	0.719829	21.63005	14.26460	0.0029
Atmost 1 *	0.484959	11.27966	3.841466	0.0008

综上所述，说明 lnGDP 和 lnK 之间存在至少两个协整关系，即 GDP 和就业人数之间存在长期稳定的均衡关系。

在原假设“没有协整向量”下，迹统计量值大于 5%置信水平下的临界值，拒绝“没有协整向量”的原假设；在原假设“至多存在一个协整向量”下，迹统计量值小于 5%置信水平下的临界值，接受“至多存在一个协整向量”的原假设（见表 6-8）。

表 6-8　模型 lnGDP、lnR 的协整检验结果（特征根迹检验）

Hypothesized	—	Trace	0.05	—
No. of CE（s）	Eigenvalue	Statistic	Critical Value	Prob. **
None *	0.734908	26.19395	15.49471	0.0009
At most 1	0.191959	3.623419	3.841466	0.0570

在原假设“没有协整向量”下，最大特征值统计量值大于 5%置信水平下的临界值，拒绝“没有协整向量”的原假设；在原假设“至多存在一个协整向量”下，最大特征值统计量值小于 5%置信水平下的临界值，接受“至多存在一个协整向量”的原假设（见表 6-9）。

表 6-9　模型 lnGDP、lnR 的协整检验结果（最大特征值检验）

Hypothesized	—	Max-Eigen	0.05	—
No. of CE（s）	Eigenvalue	Statistic	Critical Value	Prob. **
None *	0.734908	22.57053	14.26460	0.0020
At most 1	0.191959	3.623419	3.841466	0.0570

综上所述，说明 lnGDP 和 lnR 之间存在一个协整关系，即 GDP 和研究与试验发展经费支出之间存在长期稳定的均衡关系。

通过分别对 GDP 与 K、L、R 进行协整检验，发现经济增长与固定资产投资、劳动投入、科技创新投入三个变量之间存在长期均衡的关系。从长期来看，加大固定资产投资、劳动投入以及科技创新投入量对经济增长有积极的促进作用。

4. 格兰杰因果检验

格兰杰因果检验主要用来检验两个序列件是否存在因果关系，具体表现为：以前的变量 X 会在多大程度上解释当期的变量 Y，以及将变量 X 的滞后期加入变量 X 之后，是否会对变量 X 的解释程度有所提高。本书将检验 GDP 分别与 K、L、R 之间是否存在因果关系进行检验。以下是检验过程。

在 1%的置信水平下，P 值为 0.0885>0.01，接受原假设“K 不是 GDP 的格兰杰原因”；P 值为 0.0052<0.01，拒绝原假设“GDP 不是 K 的格兰杰原因”（见表 6-10）。

表 6-10 GDP 与 K 的格兰杰因果关系检验结果

Null Hypothesis	Obs	F-Statistic	Prob.
LNK does not Granger Cause LNGDP	18	2. 93919	0. 0885
LNGDP does not Granger Cause LNK	—	8. 11213	0. 0052

在 1%的置信水平下，P 值为 0.0139>0.01，接受原假设“L 不是 GDP 的格兰杰原因”；P 值为 0.1054>0.01，接受原假设“GDP 不是 L 的格兰杰原因”（见表 6-11）。

表 6-11　GDP 与 L 的格兰杰因果关系检验结果

Null Hypothesis	Obs	F-Statistic	Prob.
LNL does not Granger Cause LNGDP	18	6.04235	0.0139
LNGDP does not Granger Cause LNL	—	2.68802	0.1054

在 1%的置信水平下，P 值为 0.0040<0.01，拒绝原假设“R 不是 GDP 的格兰杰原因”；P 值为 0.0034<0.01，拒绝原假设“GDP 不是 R 的格兰杰因素”（见表 6-12）。

表 6-12　GDP 与 R 的格兰杰因果关系检验结果

Null Hypothesis	Obs	F-Statistic	Prob.
LNR does not Granger Cause LNGDP	18	8.70460	0.0040
LNGDP does not Granger Cause LNR	—	9.08869	0.0034

综上所述，科技创新投入与经济增长具有双向作用，经济增长对固定资产投资有单向格兰杰影响，劳动投入对经济增长没有格兰杰影响。

5. 脉冲响应函数

脉冲响应函数指的是 VAR 模型中一个内生变量的冲击对其他内生变量产生的影响，是一种相对短期的变量之间的动态变化，即其反映了对一个变量施加一个单位的标准差冲击所引起的对其他变量的动态影响。由于 GDP 与 L 之间不存在格兰杰因果关系，不符合脉冲响应分析的前提。

当在本期给固定资产投资一个正冲击后，地区生产总值在第 11 期左右达到最高点，此时引起的波动为 0.8%（见图 6-1）。

当在本期给科技投入一个正冲击后，地区生产总值在第 14 期左右达到最高点，此时引起的波动为 0.4%（见图 6-2）。

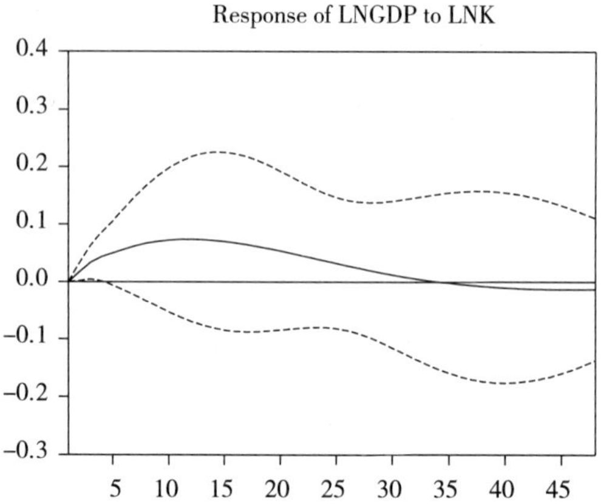

图 6-1 lnGDP 对一个标准差 lnL 新息的响应

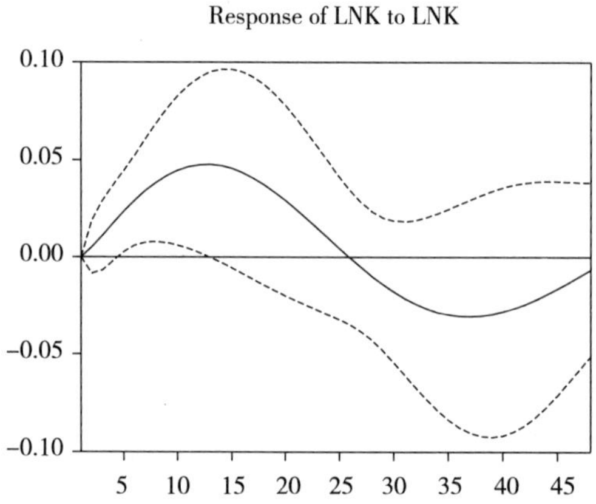

图 6-2 lnGDP 对一个标准差 lnR 新息的响应

综上所述，从短期来看，固定资产投资和科技投入对经济增长均有促进作用。

6. 实证结果分析

根据协整检验结果，经济增长和固定资产投资、劳动投入、科技投入均有长期均衡的协整关系，说明固定资产投资、劳动投入、科技投入与经济增长之间存在长期的正相关关系。

根据格兰杰因果检验结果，固定资产投资、劳动投入对经济增长没有格兰杰影响，科技投入与经济增长有双向作用。

根据脉冲响应函数分析结果，从短期来看，固定资产投资和科技投入对经济增长均有促进作用。

（二）创新驱动对经济增长的影响机理

科技投入无论是在长期还是短期都对经济增长有积极的促进作用。其促进经济增长的作用机理主要依赖于供求结构的演化、资源的优化配置、产业的改造升级以及出口结构的改善等来传递路径。

科技创新促进社会供求结构演化。具体表现为新材料、新机器以及新产品等的不断出现是以科技投入为基础的，这样的表现必然会使生产供给结构以及消费需求结构发生变化，进而使经济结构发生变动。

科技创新优化资源要素配置。具体表现为：通过生产工艺、技术流程和管理水平的不断完善及更新，从而改善产业间的内在技术关系，对生产要素投入配比的改变产生促进作用，使资源要素利用率得以提高，最终促进经济的增长。由于不同产业或行业的技术基础和技术机会的不同，在经济的转型期，科技创新会通过将生产成本降低从而形成不同的生产效率，因此会使生产要素流动于各个行业或产业之间。

科技创新加速产业改造升级。以科技投入为基础的科技创新与产业结构改造升级存在很强的互动关系，其对产业的改造升级具体表现为：第一，促进传统产业的改造，使产业内部加快调整和分解的步伐，更加精细产业的内部分工以及使其更加高级化；第二，由于新产品、新工艺、新材料、新能源以及新技术的发明和利用，促进了新的生产部门和主导产业的产生，最终导致经济结构的重大变革以及产业结构的升级优化。

科技创新改善外贸进出口结构。随着世界经济逐渐一体化，国际分工越来越精细化和专业化，通过生产要素的重组来使产品的成本降低、产品的品质得以改善以及新产品的开发都是依靠以科技创新投入为基础的科技创新，这样一来，自主创新能力以及核竞争力的塑造，产品进出口贸易比较优势的形成都对外贸进出口结构的改善及经济的增长有积极的促进作用。

二、沈阳市技术创新能力评价研究

（一）指标体系的构建

在构建沈阳市科技创新能力评价指标体系时，主要包含4个一级指标，分别为创新资源投入水平、创新资源活动水平、创新资源产出水平、科技创新环境；13个二级指标，分别为高新技术产品开发数量 X_1、研发人员数量 X_2、研发经费金额 X_3、专利申请数量 X_4、R&D 经费支出 X_5、企业办科研机构数量 X_6、研发项目数量 X_7、专利授权数量 X_8、新产品销售收入 X_9、高科技产品销售收入 X_{10}、高校生占总人口比重 X_{11}、财政科技支出 X_{12}、科技市场成交额 X_{13}（见表 6-13）。

表 6-13　沈阳市科技创新水平评价指标体系

一级指标	二级指标	指标
创新资源投入水平	高新技术产品开发数量（个）	X_1
	研发人员数量（人）	X_2
	研发经费金额（亿元）	X_3

续表

一级指标	二级指标	指标
创新资源活动水平	专利申请数量（个）	X_4
	R&D 经费支出（亿元）	X_5
	企业办科研机构数量（个）	X_6
创新资源产出水平	研发项目数量（个）	X_7
	专利授权数量（个）	X_8
	新产品销售收入（亿元）	X_9
	高科技产品销售收入（亿元）	X_{10}
科技创新环境	高校生占总人口比重（%）	X_{11}
	财政科技支出（亿元）	X_{12}
	科技市场成交额（亿元）	X_{13}

（二）沈阳市技术创新能力评价

科技创新水平是一个综合性指标，它的真实情况并不能由单一的指标来全面反映，因此通过科技创新水平来对经济增长进行测度必须进行综合分析。而主成分分析法可以对已收集的经济增长指标做出综合评价。采用主成分分析方法进行分析，即用较少的变量去解释原始数据中的大部分变异，而那些较少的变量就是利用主成分分析法整理而成的整体性指标。

实证分析共有 13 个指标，每个指标有 11 年的数据，并且对应有各自的均值和方差（见表 6-14）。

表 6-14　一般描述结果

指标	均值	标准差	分析 N
X_1	887.45	178.458	11
X_2	19105.91	3879.376	11

续表

指标	均值	标准差	分析 N
X_3	38. 7991	15. 51217	11
X_4	9607. 36	4583. 783	11
X_5	53. 4145	31. 08440	11
X_6	143. 55	23. 989	11
X_7	1213. 64	694. 610	11
X_8	4938. 18	2235. 235	11
X_9	6405761. 18	1504881. 159	11
X_{10}	33696914. 36	1. 611E7	11
X_{11}	4. 8827	0. 74138	11
X_{12}	16. 791	8. 2569	11
X_{13}	86. 2927	41. 47207	11

X_2 与 X_8、X_{12}、X_{13}有极显著的相关性，与 X_3、X_4、X_5、X_7、X_9、X_{10}有显著的相关性（见表 6-15）。其他指标之间也相互存在显著的相关性。由此可见，许多变量之间直接的相关性比较强，证明它们存在信息上的重叠。

根据主成分的提取原则，选择特征根≥1 的主成分。提取出的主成分有 2 个（见表 6-16）。

可以看出，X_2、X_3、X_4、X_5、X_7、X_8、X_9、X_{10}、X_{12}、X_{13}在第一主成分上有较高载荷，说明第一主成分基本反映了这些指标的信息；X_1、X_6、X_{11}在第二主成分上有较高载荷，说明第二主成分基本反映了这些指标的信息（见表 6-17）。所以，提取 2 个主成分是可以基本反映全部指标的信息，决定用 2 个新变量来替代原来的 13 个变量（见表 6-18）。

表 6-15　相关矩阵结果

指标	X_1	X_2	X_3	X_4	X_5	X_6	X_7	X_8	X_9	X_{10}	X_{11}	X_{12}	X_{13}
X_1	1.000	-0.261	-0.230	-0.428	-0.108	0.352	0.058	-0.438	0.293	-0.003	-0.610	-0.189	-0.406
X_2	-0.261	1.000	0.850	0.805	0.883	0.066	0.817	0.900	0.830	0.879	-0.457	0.945	0.907
X_3	-0.230	0.850	1.000	0.774	0.946	-0.108	0.763	0.811	0.674	0.939	-0.448	0.926	0.803
X_4	-0.428	0.805	0.774	1.000	0.797	0.102	0.588	0.953	0.567	0.731	-0.409	0.850	0.925
X_5	-0.108	0.883	0.946	0.797	1.000	0.176	0.870	0.812	0.779	0.949	-0.582	0.909	0.776
X_6	0.352	0.066	-0.108	0.102	0.176	1.000	0.314	0.037	0.258	0.050	-0.484	-0.002	-0.052
X_7	0.058	0.817	0.763	0.588	0.870	0.314	1.000	0.607	0.823	0.880	-0.576	0.766	0.612
X_8	-0.438	0.900	0.811	0.953	0.812	0.037	0.607	1.000	0.635	0.765	-0.413	0.909	0.967
X_9	0.293	0.830	0.674	0.567	0.779	0.258	0.823	0.635	1.000	0.825	-0.771	0.804	0.664
X_{10}	-0.003	0.879	0.939	0.731	0.949	0.050	0.880	0.765	0.825	1.000	-0.619	0.943	0.794
X_{11}	-0.610	-0.457	-0.448	-0.409	-0.582	-0.484	-0.576	-0.413	-0.771	-0.619	1.000	-0.550	-0.395
X_{12}	-0.189	0.945	0.926	0.850	0.909	-0.002	0.766	0.909	0.804	0.943	-0.550	1.000	0.938
X_{13}	-0.406	0.907	0.803	0.925	0.776	-0.052	0.612	0.967	0.664	0.794	-0.395	0.938	1.000

表 6-16 主成分的统计信息结果

成分	初始特征值			提取平方和载入		
	合计	方差的%	累积%	合计	方差的%	累积%
1	8.787	67.589	67.589	8.787	67.589	67.589
2	2.324	17.877	85.465	2.324	17.877	85.465
3	0.861	6.624	92.089			
4	0.517	3.978	96.067			
5	0.299	2.303	98.370			
6	0.084	0.646	99.015			
7	0.065	0.499	99.514			
8	0.044	0.336	99.851			
9	0.014	0.110	99.960			
10	0.005	0.040	100.000			
11	3.027E-16	2.328E-15	100.000			
12	4.443E-17	3.418E-16	100.000			
13	-2.526E-16	-1.943E-15	100.000			

提取方法：主成分分析法。

表 6-17 因子负荷矩阵

指标	成分	
	1	2
X_1	-0.152	0.929
X_2	0.957	-0.104
X_3	0.920	-0.146
X_4	0.871	-0.271
X_5	0.955	0.059
X_6	0.125	0.650
X_7	0.847	0.269

续表

指标	成分	
	1	2
X_8	0.909	-0.290
X_9	0.843	0.408
X_{10}	0.952	0.097
X_{11}	-0.607	-0.707
X_{12}	0.980	-0.087
X_{13}	0.909	-0.299

注：提取方法：主成分分析法。已提取了 2 个成分。

表 6-18　因子得分系数矩阵

指标	成分	
	1	2
X_1	-0.017	0.400
X_2	0.109	-0.045
X_3	0.105	-0.063
X_4	0.099	-0.116
X_5	0.109	0.025
X_6	0.014	0.280
X_7	0.096	0.116
X_8	0.104	-0.125
X_9	0.096	0.176
X_{10}	0.108	0.042
X_{11}	-0.069	-0.304
X_{12}	0.112	-0.038
X_{13}	0.103	-0.129

注：提取方法：主成分分析法。构成得分。

主成分分析的最终结果就是显示因子得分系数矩阵，通过此系数矩阵可以将主成分表示为各个变量的线性组合。在本书中，将第一主成分命名为 F_1，将第二主成分命名为 F_2，具体表达式如下所示：

$$F_1 = -0.17STDX_1 + 0.109STDX_2 + 0.105STDX_3 + 0.099STDX_4 + 0.109STDX_5 + 0.014STDX_6 + 0.096STDX_7 + 0.104STDX_8 + 0.096STDX_9 + 0.108STDX_{10} - 0.069STDX_{11} + 0.112STDX_{12} + 0.103STDX_{13}$$

$$F_2 = 0.400STDX_1 - 0.045STDX_2 - 0.063STDX_3 - 0.116STDX_4 + 0.025STDX_5 + 0.280STDX_6 + 0.116STDX_7 - 0.125STDX_8 + 0.176STDX_9 + 0.042STDX_{10} - 0.304STDX_{11} - 0.038STDX_{12} - 0.129STDX_{13}$$

其中，$STDX_i$（i=1，2，3，…，13）表示对原指标的 Z-score 标准化处理，$STDX_i = \frac{X_i - \overline{X_i}}{S_i}$。

在得出两个主成分的表达式之后，即可得出主成分综合模型，在本书中，将其命名为 $F_{沈}$，其中，$F_{沈} = \frac{\lambda_1}{\lambda_1+\lambda_2}F_1 + \frac{\lambda_2}{\lambda_1+\lambda_2}F_2$，$\lambda_1$、$\lambda_2$ 分别为第一主成分和第二主成分对应的特征值。通过借助 Excel 计算，得出沈阳市 2005~2015 年技术创新水平（见表 6-19）。

表 6-19　2005~2015 年沈阳市技术创新水平

年份	F_1	F_2	$F_{沈}$
2005	-1.510177313	-1.035564942	-1.410906397
2006	-1.381556201	-1.169783646	-1.33726141
2007	-1.052089765	0.645923922	-0.696929671
2008	-0.641086244	0.935098055	-0.311408239
2009	-0.076745619	1.850759075	0.326415294

续表

年份	F_1	F_2	$F_{沈}$
2010	0. 141702105	0. 717806568	0. 262201319
2011	0. 572012031	0. 369512488	0. 529656803
2012	1. 054541198	-0. 187959566	0. 794657139
2013	1. 094167996	-0. 116768357	0. 840886016
2014	0. 998327194	-0. 746091444	0. 633460943
2015	0. 800826998	-1. 263530912	0. 36904158

2005~2015 年沈阳市的技术创新水平在不断提升，由 2005 年的负值逐渐转为正值，并且在 2013 年达到峰值，2014 年、2015 年的技术创新水平有所下降。

(三) 全国技术创新能力评价

为了更加全面地了解沈阳市的技术创新能力水平，对全国的技术创新能力水平进行了测量。通过对比，明确沈阳市技术创新的水平高低。

本次实证分析共有 13 个指标，每个指标有 11 年的数据，并且对应各自的均值和方差（见表 6-20）。

表 6-20 一般描述结果

指标	均值	标准差	分析 N
X_1	71348. 71	18382. 203	11
X_2	209. 09	44. 367	11
X_3	5996. 39	1863. 453	11
X_4	1453769. 00	827858. 275	11
X_5	6804. 27	2061. 668	11
X_6	43584. 42	11278. 279	11

续表

指标	均值	标准差	分析 N
X_7	248035.50	83491.391	11
X_8	835646.91	510244.651	11
X_9	108027.50	28124.866	11
X_{10}	2.0350517418E8	1.17286188461E8	11
X_{11}	1.4584402772E0	5.48894299810E-1	11
X_{12}	3827.67	1299.731	11
X_{13}	4753.64	2897.127	11

X_2 与 X_3、X_5、X_6、X_9 有显著的相关性，X_3 与 X_5、X_6、X_9 有显著的相关性。其他指标之间也相互存在显著的相关性。由此可见，许多变量之间直接的相关性比较强，证明它们存在信息上的重叠（见表 6-21）。

根据主成分的提取原则，选择特征根≥1 的主成分。提取出的主成分有 3 个（见表 6-22）。

X_1、X_2、X_3、X_4、X_5、X_6、X_8、X_9、X_{10}、X_{12}、X_{13}在第一主成分上有较高载荷，说明第一主成分基本反映了这些指标的信息；X_7 在第一、第二主成分上均有较高载荷，说明第一、第二主成分基本反映了该指标的信息；X_{11}在第三主成分上有较高载荷，说明第三主成分基本反映了这些指标的信息（见表 6-23）。所以，提取 3 个主成分是可以基本反映全部指标的信息，决定用 3 个新变量来替代原来的 13 个变量（见表 6-24）。

因子得分系数矩阵是主成分分析的最终结果，通过此系数矩阵可以将主成分表示为各个变量的线性组合。在本书中，将第一主成分命名为 Z_1，将第二主成分命名为 Z_2，将第三主成分命名为 Z_3。

表 6-21　相关矩阵结果

指标	X_1	X_2	X_3	X_4	X_5	X_6	X_7	X_8	X_9	X_{10}	X_{11}	X_{12}	X_{13}
X_1	1.000	0.624	0.599	0.539	0.598	0.574	0.510	0.448	0.598	0.551	-0.402	0.585	0.548
X_2	0.624	1.000	0.979	0.686	0.991	0.947	0.512	0.666	0.990	0.695	-0.247	0.814	0.711
X_3	0.599	0.979	1.000	0.690	0.997	0.978	0.553	0.675	0.994	0.720	-0.170	0.814	0.731
X_4	0.539	0.686	0.690	1.000	0.692	0.669	0.359	0.992	0.688	0.989	-0.077	0.826	0.991
X_5	0.598	0.991	0.997	0.692	1.000	0.968	0.521	0.676	0.998	0.715	-0.192	0.819	0.727
X_6	0.574	0.947	0.978	0.669	0.968	1.000	0.698	0.653	0.956	0.699	-0.211	0.789	0.722
X_7	0.510	0.512	0.553	0.359	0.521	0.698	1.000	0.323	0.487	0.379	-0.358	0.408	0.428
X_8	0.448	0.666	0.675	0.992	0.676	0.653	0.323	1.000	0.671	0.976	-0.041	0.806	0.980
X_9	0.598	0.990	0.994	0.688	0.998	0.956	0.487	0.671	1.000	0.715	-0.183	0.817	0.723
X_{10}	0.551	0.695	0.720	0.989	0.715	0.699	0.379	0.976	0.715	1.000	-0.079	0.823	0.996
X_{11}	-0.402	-0.247	-0.170	-0.077	-0.192	-0.211	-0.358	-0.041	-0.183	-0.079	1.000	-0.178	-0.120
X_{12}	0.585	0.814	0.814	0.826	0.819	0.789	0.408	0.806	0.817	0.823	-0.178	1.000	0.838
X_{13}	0.548	0.711	0.731	0.991	0.727	0.722	0.428	0.980	0.723	0.996	-0.120	0.838	1.000

表 6-22　主成分的统计信息结果

成分	初始特征值			提取平方和载入		
	合计	方差的%	累积%	合计	方差的%	累积%
1	9. 159	70. 457	70. 457	9. 159	70. 457	70. 457
2	1. 573	12. 101	82. 558	1. 573	12. 101	82. 558
3	1. 023	7. 869	90. 427	1. 023	7. 869	90. 427
4	0. 584	4. 490	94. 917			
5	0. 440	3. 384	98. 301			
6	0. 176	1. 358	99. 658			
7	0. 033	0. 255	99. 913			
8	0. 008	0. 065	99. 978			
9	0. 003	0. 022	100. 000			
10	3. 908E-6	3. 006E-5	100. 000			
11	3. 266E-16	2. 513E-15	100. 000			
12	-1. 497E-17	-1. 151E-16	100. 000			
13	-1. 816E-16	-1. 397E-15	100. 000			

注：提取方法：主成分分析法。

表 6-23　因子负荷矩阵

指标	成分		
	1	2	3
X_1	0. 681	-0. 294	-0. 338
X_2	0. 932	-0. 212	0. 225
X_3	0. 941	-0. 182	0. 273
X_4	0. 879	0. 420	-0. 213
X_5	0. 940	-0. 181	0. 269
X_6	0. 929	-0. 247	0. 219
X_7	0. 577	-0. 483	-0. 175

续表

指标	成分		
	1	2	3
X_8	0.856	0.466	-0.171
X_9	0.934	-0.169	0.278
X_{10}	0.892	0.393	-0.190
X_{11}	-0.228	0.605	0.633
X_{12}	0.904	0.114	-0.018
X_{13}	0.905	0.355	-0.208

注：提取方法：主成分分析法。已提取了 2 个主成分。

表 6-24　因子得分系数矩阵

指标	成分		
	1	2	3
X_1	0.074	-0.187	-0.330
X_2	0.102	-0.135	0.220
X_3	0.103	-0.115	0.267
X_4	0.096	0.267	-0.208
X_5	0.103	-0.115	0.263
X_6	0.101	-0.157	0.214
X_7	0.063	-0.307	-0.171
X_8	0.093	0.296	-0.167
X_9	0.102	-0.107	0.272
X_{10}	0.097	0.250	-0.186
X_{11}	-0.025	0.385	0.619
X_{12}	0.099	0.072	-0.018
X_{13}	0.099	0.226	-0.203

注：提取方法：主成分分析法。

$$Z_1=0.074STDX_1+0.102STDX_2+0.103STDX_3+0.096STDX_4+0.103STDX_5+0.101STDX_6+0.063STDX_7+0.093STDX_8+0.102STDX_9+0.097STDX_{10}-0.025STDX_{11}+0.099STDX_{12}+0.099STDX_{13}$$

$$Z_2=-0.187STDX_1-0.135STDX_2-0.115STDX_3+0.267STDX_4-0.115STDX_5-0.157STDX_6-0.307STDX_7+0.296STDX_8-0.107STDX_9+0.250STDX_{10}+0.385STDX_{11}+0.072STDX_{12}+0.226STDX_{13}$$

$$Z_3=-0.330STDX_1+0.220STDX_2+0.267STDX_3-0.208STDX_4+0.263STDX_5+0.214STDX_6-0.171STDX_7-0.167STDX_8+0.272STDX_9-0.186STDX_{10}+0.619STDX_{11}-0.018STDX_{12}-0.203STDX_{13}$$

其中，$STDX_i$（i=1，2，3，…，13）表示对原指标的 Z-score 标准化处理，$STDX_i=\frac{X_i-\overline{X_i}}{S_i}$。

在得出两个主成分的表达式之后，即可得出主成分综合模型，在本书中，将其命名为 $Z_{全国}$，其中，$Z_{全国}=\frac{\lambda_1}{\lambda_1+\lambda_2+\lambda_3}Z_1+\frac{\lambda_2}{\lambda_1+\lambda_2+\lambda_3}Z_2+\frac{\lambda_3}{\lambda_1+\lambda_2+\lambda_3}$，$\lambda_1$、$\lambda_2$、$\lambda_3$ 分别为第一主成分、第二主成分和第三主成分对应的特征值。通过借助 Excel 计算，得出全国 2005~2015 年技术创新水平（见表 6-25）。

表 6-25　2005~2015 年全国技术创新水平

年份	Z_1	Z_2	Z_3	$Z_{全国}$
2005	-0.438599351	-1.344822074	0.673169029	-0.463112264
2006	-0.403629348	-1.136434922	0.746491246	-0.401598706
2007	-0.50110248	-1.001367838	0.774177293	-0.457062174
2008	-1.315783236	0.345851838	-1.405188609	-1.101211541
2009	-1.225441256	0.949009902	-0.311770065	-0.854952332

续表

年份	Z_1	Z_2	Z_3	$Z_{全国}$
2010	-0. 265970837	0. 245396142	1. 069260647	-0. 081341142
2011	-0. 402717495	1. 634800601	0. 215131764	-0. 076296758
2012	0. 509768808	-0. 289263446	-1. 542109893	0. 224277558
2013	0. 996968059	0. 415532269	0. 092979071	0. 840491732
2014	1. 394503432	-0. 877428113	-1. 315781258	0. 854616613
2015	1. 651919489	1. 058813436	1. 003481165	1. 516121256

（四）实证结果讨论

通过选择创新资源投入水平、创新资源活动水平等 4 个一级指标，以及高新技术产品开发数量、研发人员数量、研发经费金额等 13 个二级指标，对沈阳市及全国的技术创新水平进行了估计（见表 6-26）。

表 6-26　2005~2015 年沈阳市和全国科技创新发展水平

年份	F_1	F_2	$F_{沈阳}$	Z_1	Z_2	Z_3	$Z_{全国}$
2005	-1. 5102	-1. 0356	-1. 4109	-0. 4386	-1. 3448	0. 6732	-0. 4631
2006	-1. 3816	-1. 1698	-1. 3373	-0. 4036	-1. 1364	0. 7465	-0. 4016
2007	-1. 0521	0. 6459	-0. 6969	-0. 5011	-1. 0014	0. 7742	-0. 4571
2008	-0. 6411	0. 9351	-0. 3114	-1. 3158	0. 3459	-1. 4052	-1. 1012
2009	-0. 0767	1. 8508	0. 3264	-1. 2254	0. 9490	-0. 3118	-0. 8550
2010	0. 1417	0. 7178	0. 2622	-0. 2660	0. 2454	1. 0693	-0. 0813
2011	0. 5720	0. 3695	0. 5297	-0. 4027	1. 6348	0. 2151	-0. 0763
2012	1. 0545	-0. 1880	0. 7947	0. 5098	-0. 2893	-1. 5421	0. 2243
2013	1. 0942	-0. 1168	0. 8409	0. 9970	0. 4155	0. 0930	0. 8405
2014	0. 9983	-0. 7461	0. 6335	1. 3945	-0. 8774	-1. 3158	0. 8546
2015	0. 8008	-1. 2635	0. 3690	1. 6519	1. 0588	1. 0035	1. 5161

我国科技创新发展水平得到大幅度提高。与全国平均水平相比，2007~2013 年，沈阳市的科技创新水平高于全国水平，表现较好。2014 年和 2015 年，沈阳市科技创新水平明显低于全国平均水平，并有进一步差距拉大的趋势。

三、技术创新对沈阳市经济增长影响的实证分析

（一）研究设计与方法

以 F 值表示沈阳市科技创新水平情况，人均 GDP 值表示沈阳市经济增长情况。将沈阳市科技创新水平与地区经济增长之间的关系进行向量自回归（VAR）分析。以下是研究所需数据，其中 F 值即为前文估计得出的沈阳市科技创新水平，人均 GDP 值由《沈阳统计年鉴》中 GDP 值与人口值计算得出（见表 6-27）。

表 6-27　2005~2015 年沈阳市 F 值及人均 GDP

年份	F 值	人均 GDP
2005	-1. 4109	2. 8013
2006	-1. 3373	3. 5813
2007	-0. 6969	4. 4517
2008	-0. 3114	5. 299
2009	0. 3264	5. 4307
2010	0. 2622	6. 1899
2011	0. 5297	7. 2319
2012	0. 7947	8. 0245

续表

年份	F 值	人均 GDP
2013	0. 8409	8. 1968
2014	0. 6335	8. 5661
2015	0. 3690	8. 7713

（二）实证分析

1. 异方差检验

在时间序列数据样本的回归模型中出现异方差性的可能性较大。通常为了避免出现异方差的情况，可以对原始数据进行对数处理。考虑到目前的数据已有负数值，不适合再做对数计算。因此，在进行正式的实证分析之前，先对原始数据组成的序列进行异方差检验，采用怀特检验法（见表 6-28）。

表 6-28　怀特检验结果

Heteroskedasticity Test：White			
F-statistic	0. 084035	Prob. F（1，9）	0. 7785
Obs×R^2	0. 101759	Prob. Chi-Square（1）	0. 7497
Scaled explained SS	0. 002694	Prob. Chi-Square（1）	0. 9586

由怀特检验判定方法可知，当怀特统计量的 P 值比给定的显著性水平高时，则原假设被接受，即随机误差项不存在异方差；当怀特统计量的 P 值比给定的显著性水平低时，则原假设被拒绝，即随机误差项存在异方差。从表 6-28 可以看出，Obs×R^2 的 P 值为 0. 7497>显著性水平，则拒绝原假设，即不存在异方差，可以进行接下来的实证分析。

2. 单位根检验

原序列 GDP、F 的 ADF 统计值大于 5%置信水平下的临界值，接受“存在一个单位根”的原假设；一阶差分序列 lnGDP、lnF 的 ADF 统计值均大于 5%置信水平下的临界值，仍然接受“存在一个单位根”的原假设（见表 6-29）。因此，GDP、F 序列为非平稳时间序列。如果要建立 VAR 模型，需继续进行协整检验。

表 6-29 序列 GDP、F 及其一阶差分序列的单位根检验结果

序列	ADF 统计值	1%临界值	5%临界值	10%临界值	P 值
GDP	-0. 908620	-5. 295384	-4. 008157	-3. 460791	0. 9091
F	0. 146554	-5. 295384	-4. 008157	-3. 460791	0. 9904
lnGDP	-2. 392019	-5. 835186	-4. 246503	-3. 590496	0. 3583
lnF	-4. 852561	-5. 521860	-4. 107833	-3. 515047	0. 0211

3. 协整检验

在原假设“没有协整向量”下，迹统计量值大于 5%置信水平下的临界值，拒绝“没有协整向量”的原假设；在原假设“至多存在一个协整向量”下，迹统计量值小于 5%置信水平下的临界值，接受“至多存在一个协整向量”的原假设（见表 6-30）。

表 6-30 模型 GDP、F 的协整检验结果（特征根迹检验）

Hypothesized	—	Trace	0. 05	—
No. of CE (s)	Eigenvalue	Statistic	Critical Value	Prob. **
None *	0. 955696	30. 12124	15. 49471	0. 0002
At most 1	0. 205571	2. 071189	3. 841466	0. 1501

在原假设“没有协整向量”下，最大特征值统计量值大于5%置信水平下的临界值，拒绝“没有协整向量”的原假设；在原假设“至多存在一个协整向量”下，最大特征值统计量值小于5%置信水平下的临界值，接受“至多存在一个协整向量”的原假设（见表6-31）。

表6-31　模型GDP、F的协整检验结果（最大特征值检验）

Hypothesized	—	Max-Eigen	0.05	—
No. of CE (s)	Eigenvalue	Statistic	Critical Value	Prob. **
None *	0.955696	28.05005	14.26460	0.0002
At most 1	0.205571	2.071189	3.841466	0.1501

综上所述，说明GDP和F之间存在一个协整关系，即沈阳市经济增长和沈阳市科技创新水平之间存在长期稳定的均衡关系。由此可知，GDP、F序列满足了进行VAR模型构建的条件。

4. VAR模型分析

VAR模型即向量自回归方法，主要用于解释各种经济冲击对经济变量的影响，预测相互联系的时间序列以及分析随机扰动对变量系统的动态影响。具体方法是：构造模型的函数为需要将系统中的每一个内生变量作为系统中所有内生变量滞后值的函数，进而将单变量自回归模型推广到由多元时间序列组成的向量自回归模型。表6-32是分析结果。

表6-32　VAR模型的参数估计结果

	GDP	F
GDP (-1)	0.772711	0.426452
	(0.41995)	(0.17672)
	[1.83999]	[2.41311]

续表

	GDP	F
GDP（-2）	-0.234575	-0.556228
	(0.40187)	(0.16911)
	[-0.58371]	[-3.28911]
F（-1）	0.092879	0.869628
	(0.49907)	(0.21002)
	[0.18611]	[4.14077]
F（-2）	0.696719	0.131869
	(0.58214)	(0.24497)
	[1.19683]	[0.53830]
C	3.416986	0.684597
	(1.58699)	(0.66783)
	[2.15313]	[1.02511]

根据上面的参数估计结果，可以将回归方程写成如下形式，即：

GDP=3.417+0.773GDP(−1)−0.235GDP(−2)+0.093F(−1)+0.697F(−2)

s. e=(1.587)(0.420)　(0.402)　(0.499)　(0.582)

t=［2.153］［1.840］　［−0.584］　［0.186］　［1.197］

F=0.685+0.426GDP(−1)−0.556GDP(−2)+0.870F(−1)+0.132F(−2)

s. e=(0.668)(0.177)　(0.169)　(0.210)　(0.245)

t=［1.025］［2.413］　［−3.289］　［4.141］　［0.538］

（三）实证结果讨论

以F值代表科技创新水平，以人均GDP代表经济增长，对其进行了VAR模型的构建，从而分析研究技术创新对沈阳市经济增长的影响。

沈阳市的科技创新水平与经济增长水平的系数为正值，说明科技创新对沈阳地区经济增长具有正向促进作用。同时滞后二期系数大于滞后一期系数，说明随着二者之间相互适应，科技创新对经济增长的促进作用更强。

沈阳市滞后一期的经济增长与科技创新发展水平之间的系数为正值，说明人均 GDP 的增加将有助于沈阳科技创新水平的提高。但是滞后二期的经济增长与科技创新发展水平之间的系数为负值，说明仅注重人均 GDP 增长，会阻碍科技创新水平的提高。

通过 VAR 模型显示可知，沈阳市科技创新水平的提高在短期内必将促进经济增长，因此，积极进行科技研发和创新人才引进对提高沈阳经济发展水平将起到积极促进作用。

四、小结

从影响机理、创新能力评价、增长影响三方面对技术创新对沈阳市经济增长的影响进行了实证分析和研究。

首先，实证分析了技术创新对经济增长的影响机理研究。通过协整检验、格兰杰因果检验以及脉冲响应函数，得出无论是短期还是长期，科技创新对经济增长都有明显的促进作用。同时，分析梳理了科技创新对经济增长影响的作用机理，即科技创新通过影响社会供求结构、资源要素配置、产业改造升级以及外贸进出口结构等方面来促进经济增长。

其次，对沈阳市以及全国的技术创新能力进行了评价。评价结果显示，沈阳市技术创新能力相较于全国平均水平仍有较大差距。2014 年和 2015 年，沈阳市技术创新能力水平分别为 0. 6335 和 0. 3690，全国平均水平为 0. 8546 和 1. 5161。可以看到，由于许多关键科技自给率低、自主创新能力弱，高新科技产业在地区中所占的比例还不高等问题的存在，沈阳市科技创新能力的提高以及经济的增长仍任重而道远。

最后，对技术创新对沈阳市经济增长的影响进行了实证分析。分析结果显示，短期内，科技创新能力的提高将有助于沈阳市经济的增长。

第七章　结语

一、重视科技人才

国家之间的竞争愈演愈烈，归根结底是各国人力资源，尤其是科技人力资源的竞争。因此，科技人力资源必然成为推动科技进步、促进经济社会发展的重要力量。

优秀科技人才的培养既可以是来自高等学校的教育，也可以是企业的培训和锻炼。归根结底，人才最终要服务于企业，服务于社会。因此，无论是企业自身培训出来的优秀人才，还是高校教育出来的高素质毕业生，他们一定都要适应社会、经济和企业发展。当前，沈阳市科技人才结构中，以大中型工业企业科技人才最多，高等学校次之，科学研究与开发机构人数最少。沈阳市应该在保证企业科技人才稳定增长的情况下，加强高校人才培养以及科研机构人才的吸收，做到人才培养和企业用人相结合。

首先，可以建立高校、科研机构和企业中科技人力资源的交流机制。通过研究开发合作项目、联合实验室等来加强高校、企业和科研机构之间的科技人力资源的流动，包括以中小型企业需求为基础的人员交流、与企业联合进行研究生教育的方案、产业研究人员资格认证程序等。一方面可以降低企业开发成本和项目风险，另一方面则可以加强科技人才的培养，给有前途的年轻科技人力资源提供宝贵的机会。其次，对于那些与企业联合办学的高等学校，在学生课程设计和培养过程中，要明确企业发展方向和人才诉求，使企业参与到课程设计和创新教学法的设置中，使学生所学更加具有实用性和适用性，同时，鼓励高校优秀人才进企业实习，参与科研项目，发展实践教学。另外，对于科研项目的研究，可以由企业提出研究课题和经费，由大学来研究，科研教学生产相结合，这既能使大学经费充裕，提高其教学科研水平，也增强了企业的技术水平，帮助企业解决切实的问题。同时也提高了在校学生的科研能力，为今后科技人力资源增添储备。最后，对于缺乏实践经验的年轻科技人才，沈阳市可以实行大力扶持年轻科技人力资源的相关政策措施。例如，鼓励他们进修、独立承担项目研究、参加对外科技合作等，加大对他们的科研资助力度，奖励有突出贡献的年轻科技人才，改善他们的待遇。

从发达国家的实践经验看，一国产业结构从劳动密集型向知识创新型变动的过程中，高层次人才不仅能显著提高本地区的人力资本存量水平，其对经济的贡献程度也会明显提升，具有显著的生产效应和知识效应。

科技人力资源对沈阳市经济具有明显的促进作用。沈阳市应该努力创造吸引人才、留住人才的条件。第一，从政府政策方面来看，沈阳市应该修正和完善人才引进相关政策。如改进人事、户籍制度以更适应人才流动；为外来优秀人才提供人性化的福利保障措施，如解决落户后的住房问题、子女上学问题等。第二，从科技工作环境方面来看，沈阳市可以建立并完善多种科技工作条件和科技项目，以吸引优秀人才进入沈阳市。如建立人才创业基金，发展和完善各类创业园区建设，积极吸引海内外高科技人才来沈阳市创业，大力吸引跨国公司研发中心来沈阳市落户，主动与其核心研发人才联系，必要时提供相应服务，力求稳住和留下一批优秀的核心研发人才；向国内外优秀科技人才提供访问、进修、研讨和研究的机会，吸引他们来沈阳市服务；建立科技项目和科技人力资源计划，加大对科研工作的投资力度，吸引优秀的、年轻的科技人力资源到沈阳市工作。第三，从引进重点来看，要重点引进面向21世纪新型产业体系的高层次创新人才。结合当前沈阳市经济、产业现状，传统的重工业企业面临“去产能”的急迫局面，战略性新兴产业面临获得高速发展的局面。因此，沈阳市在引进优秀科技人才时，应该着重考虑这两个方向。通过提供优厚的待遇和富有吸引力的工作环境，吸引优秀人才进入沈阳市传统重工业企业中工作，依靠该类企业获得的大量科研资金投入，积极专研新技术，开发新产品，改变“产能过剩”的局面。同时，大力引进优秀科技人才进入战略性新兴产业，积极推动知识密集型产业的发展。通过优秀科技人力资源促进传统产业的改造和新兴产业的发展，实现沈阳市经济快速发展。第四，从引进方式来看，采取直接移民、项目合作、相互交流、联合办学、短期服务等多种方式，进一步加大引进海外、省外科技人才和智力的力度，积极做好聘请海外专家的工作。

沈阳市近年经济增长较慢，工业比重过大而高新技术产业和服务业发展较为缓慢，中小民营企业发展较为困难，均大大限制了沈阳市优秀人才的未来职业发展，更多人选择走出沈阳。

首先，完善科技人才的任用机制、薪酬制度和创业扶持，大力拓展科技人才的发展空间，疏通科技人才成长机制。可以为科技人员，特别是中青年科技人员开展国际合作研究及出国进修、短期访问和参加国际学术交流等科技学术活动创造条件，鼓励他们在世界科学的前沿博采众长，提高学术水平，为他们提供良好的发展平台。加强留学人员创业园、高新技术开发区等科技平台的建设，营造良好的创业环境。其次，沈阳市应该健全科技人才激励机制和优惠制度，使更多本土优秀人才能有机会学以致用，让人才得到应有的实惠，努力消除与经济发达地区在人才回报方面的差距，使他们获得与其人力资本水平相匹配的工资收入和生活待遇。并且通过出台一系列优惠政策，吸引优秀人才留在沈阳，建设沈阳。如沈阳市

2016年3月公布的大学生租房补贴政策，对于刚刚走出大学校门的毕业生就具有一定的吸引力。沈阳市应该致力于创造公平的就业环境，推进人事制度改革，要坚持能力至上、优才优用，保障每个人拥有平等、合理的求职机会。

我国在2009年启动了国家应对人口老龄化战略研究，强调要牢固树立积极老龄观，积极看待老年人，把老年人看作经济社会发展可以依靠的重要力量，建立健全老年人参与社会体制机制，完善老年人力资源开发政策。

与年轻的人力资源相比较，老龄人口拥有丰富的知识和技术积累、充足的实践经验。同时，老龄人口处理突发事件能力强，能够准确把握问题，而且可以培训和指导后生力量。因此，面对日益壮大的老龄人口队伍，可以将其作为一种人力资源进行开发和利用，为沈阳市的经济发展做出贡献。相关部门可以创建合理的引导机制，鼓励和支持老年人再就业。针对老龄人口的特点，开展老年人口的教育培训课程，尤其是那些拥有专业技术技能以及管理技能的老年人，积极向他们普及现代电子科学知识，让老年人能够跟上时代步伐，发挥自己的作用。

考虑到老年人拥有丰富的知识经验、大量的空闲时间以及丰富的人脉资源等优势，再充分结合市场和社会对老年人力资源的需求，老年人力资源开发的重点可以放在技术服务和参谋咨询、公益服务等领域。在这些领域，老年人直接从事管理咨询、传授经验、提供技术援助等相关工作；也可以参与一些公益活动，比如从事维护社会治安、疏导交通秩序、调解民事纠纷活动。

二、提升创新水平

沈阳市技术水平仍然比较低，尤其是科技物质投入不足、财力投入不足、企业自主创新能力较差。科技投入是科技进步的必要条件，是实施科教兴国战略的基本保证。必须采取有力措施，调整投资结构，鼓励、引导全社会多渠道、多层次地增加科技投入，尽快扭转科技投入不足的局面，提高各项科技经费的使用效率。建议从政府和企业二者出发，加大沈阳市科研活动财力投入。

市场经济条件下，政府与市场各有不同的分工。政府作为市场的宏观调控与管理者，对技术创新起推动作用。政府职能在于为企业提供基本的创新资源，营造公平的市场竞争环境。企业的自主创新能力的培养离不开国家的政策扶持。

沈阳市处于经济转型的关键时期，企业的自主创新能力仍然较弱。因此，政府在促进科技进步的过程中，扮演了更为重要的、领导者的角色。政府应该担当起在科技投入方面的先导性、基础性和全局性作用，通过增加资金投入力度和把控资金投入方向，促进沈阳市技术进步。

第一，加大政府财政科技支出。财政支出中科技拨款的比重在一定程度上反映了地方政府对科技发展的支持程度。沈阳市政府在充分认识和发挥科技在经济和社会发展中关键作用的基础上，可以建立政府科技投入增长机制，保持政府科技投入规模持续稳定增长，杜绝科技投入决策随意性。另外，为了确保财政科技支出的稳定性，相关部门要完善专门性政策法规，保障财政科技投入的稳定增长，为沈阳市的科技活动提供一个良好的政策环境。同时，政府应当做好统筹规划、引导和支持经济欠发达地区的科技工作，以提高其科技投入规模。

第二，优化资金投入方向。当前沈阳市的主导产业仍然是重工业，而重工业又面临着产能过剩的问题，并且过剩的产品多是科技含量低、附加值低、没有竞争力的资源消耗型产品。因此，沈阳市政府应该将科技资金投入多转向这类型的产业和企业。通过政府资金扶持，帮助重工业型企业提高技术水平，督促它们进行产品转型，更多生产附加值高、创新力度大、发展潜力强的产品，淘汰落后产能。同时，当前沈阳市自然资源消耗殆尽，以自然资源为依靠的行业无法继续成为经济增长的助推器，实施创新驱动战略、发展知识技术密集型产业是发展经济的唯一选择。因此，沈阳市政府资金投入应该多转向高端装备制造、机器人及智能制造、重大成套装备、集成电路等战略性新兴产业和高新技术产业。

技术引进是加快企业技术升级、发挥后发优势、实现经济快速发展的重要途径。对于当前的沈阳市来说，技术水平相对落后，单纯依靠加大科技投入进行科技研发，所需周期较长、见效慢。以企业为主体加大技术引进、消化吸收以及再创新，则能够在较短时间内一方面提升产品附加值和科技含量，另一方面提升技术水平。

作为科技创新活动的主体，企业应该主动增加技术引进和消化吸收的经费支出。尤其当前沈阳市大中型工业企业在该方面的经费支出主要集中在技术引进，而消化吸收则支出较少。沈阳市企业应该提高消化吸收经费支出，从注重技术引进向注重技术消化吸收转变。尽量避免引进成套设备，强迫企业在困境中学习、消化吸收、二次创新，从而最终提高自主创新能力。沈阳市应该充分利用区位优势，全面提升外贸发展水平，加快吸收对外投资所带来的国外先进技术、管理水平等，不断将这些技术和管理水平应用于本地企业中。

三、改善创新环境

东北地区的技术创新的营商环境一直饱受诟病，沈阳政府发展实体经济要把改善技术创新营商环境建设为重点，营造公平竞争的市场环境，促进民营经济发展，激发各类市场主体活力。第一，鼓励民营企业积极参与沈阳国有企业改革。可以利用当前我国正在推广的 PPP 运作模式，引导民营企业进入公共基础设施建设、文化、养老、医疗、卫生等领域，充分利用民间资本，建设沈阳基础设施，同时，促进民营企业与国有企业的迅速融合。第二，解决中小企业融资问题。对于经营规模较大、效益较好的民营企业，可以直接鼓励其通过进入主板市场来获得资金。对于一些经营规模不大、效益不够好的中小型民营企业，可以通过创业板、产权交易中心进行融资。针对那些科技型中小企业，还可以采取专利质押贷款的形式，帮助企业发展。同时，沈阳作为省会城市，民间金融市场较为发达，由此可以扩大沈阳融资扶持资金的规模与范围，从而解决中小型民营企业融资难的问题。第三，加大民营企业自主创新。鉴于目前的科技成果转化多依赖于政府，市场作用较小，成果转化平台、中介服务、人才等方面仍相对不足。因此，要积极构建以市场为主体的科技成果转化平台和中介服务机构等，保障民营企业的创新成果，提高民营企业自主创新积极性。

在收费方面，推行收费清单制，对于企业需缴纳的各项收费，分门别类向社会公开，做到企业缴费、政府收费在阳光下进行，从而保障企业权益。在审批方面，可以利用互联网进行网上审批，或者“一站式”审批，把涉及企业登记或审批的事项进行集中，统一办理，减少企业分别跑不同部门办理不同手续的时间和人力成本，提高政府办事效率，降低企业办事阻力。通过建立沟通平台，政府可以及时发布政府相关政策、制度，企业可以第一时间掌握政府政策动态，避免二者之间出现信息不对称的问题。同时，可以实行企业间非保密信息的共享，使企业在共享中解决问题。立足沈阳实际，借鉴国内外或地区的立法经验，及时制定有助于优化沈阳营商环境的政策制度。同时，对于现行规章制度中不利于营商环境优化的部分，及时进行修订或废止，切实保障沈阳营商环境的优化与完善，为沈阳技术创新发展奠定良好的基础。

四、营造科学氛围

加大科学普及，提高公众科学素养，积极营造以人为本的科学氛围是加快科学技术向现实生产力转化并提高科学技术进步对社会经济增长贡献率的重要推动力。主要从专利申请的角度提出政策建议，鼓励专利申请，提升科技意识。

加强宣传教育，提高公众的专利意识，充分发挥专利制度在技术创新中的保障和激励作用，建立完善有效的创新激励机制，激发人们发明创造的积极性。在科研立项、评价、奖励、成果转化、产业化以及科技人员职称评定等科技管理的各项环节中，应进一步加强专利政策导向，落实配套措施，扭转长期以来科研人员重评奖而轻专利的不利局面。对于拥有自主知识产权的单位或开发人员，要鼓励他们运用专利许可、技术转让、技术入股等各种方式推进创新成果的扩散应用，加快新技术的转移，并促进高等院校、科研机构、企业和政府在技术创新与技术转移领域合作的进一步发展。

为了鼓励更多企业和个人进行发明创造，政府应该建立完善的激励机制，营造自由的创新环境，制定相应的优惠政策，给予资金支持，消除企业创新过程中所要面临的难题，例如，可以建立相应的资金委员会，为科研人员发放相应的补助费用；对于企业发明，银行可以在实地考察后给予贷款；根据情况适当免除专利发明的税收。在政府提供资金保障的同时，各单位还应该充分激发个人的积极性，把发明创造同个人绩效联系起来考察，将专利申请与物质奖励、职称评定、住房分配等挂钩。

固定资产投资是提高科技进步水平的重要手段。加强科研与综合技术服务业固定资产投入是创新能力建设的重要内容。应该加大科研服务业的固定资产投资，为科技进步奠定雄厚的物质基础。沈阳市应当调整财政支出结构，向改善和完善科技物资条件进行财政倾斜，同时鼓励社会资金投入科研。同时，要制定政策调动企业发挥主体作用，积极投资改善科技物质条件。大型科研仪器、计算中心、分析中心、信息传递设施等科技基础设施，有的投入成本高而单个企业使用次数低，有的从事大批量、重复性、标准化操作，需要实行共建或共享。因此，有必要在调查企业、科研机构、高校对科研服务需求的基础上，有重点地建设、完善科技基础设施。为此，根据加强区域内吸收先进适用技术、强化科技成果转化能力、加强区域内研发能力的需要，灵活运用公共资金，稳定支持大型、通用性强的科技基础设施建设；对企业自建的大型科研设施、自购的大型设备，在公共财政和新税制框架下，积极、灵活地给予财政、税收支持；制定政策，对企业科技资源的区内外共建、共享给予鼓励和支持，妥善协调好与区内外各方的关系。

参考文献

[1] Kim J. I. & L. J. Lau. The Sources of Asian Pacific Economic Growth [J]. Canadian Journal of Economics, 1996 (2): 448-454.

[2] Dnamian Ward and Ralf Zurboegg. Does Insurance Promote Economic growth? [J]. The Journal of Risk and Insurance, 2000, 67 (4): 489-506.

[3] Harris. A Survey of Sustainable Development [J]. Island Press, 2001, 12 (5): 529-531.

[4] Yan Wang, Yu Dongyao. Sources of China's Economic Growth, 1952-1999: Incorporating Human Capital Accumulation [J]. The Econo - mist, 2001, 14 (1): 32-52.

[5] K. Lpoh, B. W. Ang and F. Bai. A Comparative Analysis of R&D Project Evaluation Methods [J]. R&D Management, 2001, 31 (1): 63-75.

[6] Foley Duncan K. Endogenous Technical Change with Externalities in a Classical Growth Model [J]. Journal of Economic Behavior & Organiza - tion, 2003.

[7] Shen Kunrong. New Growth Theories and China's Economic Growth [J]. Nanjing University, 2003.

[8] Zheng Jinghai and Hu Angang. An Empirical Analysis of Provincial Productivity in China (1979-2001) [J]. Working Paper in Economics, 2004.

[9] Jefferson, Hu Guangzhou. Returns to Research and Development in Chinese Industry: Evidence from State - owned Enterprises in Beijing [J].

China Economic Review，2004.

［10］Guest，R. S. Population Aging，Capital Mobility and Optimal Saving［J］. Journal of Policy Modeling，2006.

［11］Riedel，James，Jin Jing and Gao Jian. Investment，Finance，and Growth in China［J］. Princeton University Press，2007.

［12］Bloom D. E. Implication of Population Aging for Economic Growth［J］. Oxford Review of Economic Policy，2011.

［13］罗伯特·索罗. 经济增长因素分析［M］. 史清琪等译. 上海：商务印书馆，2003.

［14］李翠. 科技进步对上海市经济增长作用的测算研究［D］. 上海：上海海事大学，2004.

［15］王彦霞. 天津市“十五”期间科技进步对经济增长影响的定量研究［D］. 天津：天津理工大学，2006.

［16］何锦义，刘树梅. 关于修订全国科技进步监测指标体系的设想［J］. 统计研究，2007（7）.

［17］王泽填，卢二坡. 制度、增长与收敛——一个基于索洛模型的分析框架［J］. 财经理论与实践，2007（146）.

［18］莫六部. 广西工业化进程中的科技进步问题及对策研究［D］. 南宁：广西民族大学，2008.

［19］刘鑫. 基于索罗模型的经济增长实证分析［J］. 现代经济，2008（1）.

［20］刘晓丹. 东北三省人力资本与经济增长关系的实证研究［D］. 天津：天津财经大学，2008.

［21］毕权富. 甘肃省固定资产投资对经济增长影响的实证研究［D］. 兰州：甘肃农业大学，2008.

［22］黄利潮. 地方政府科技投入绩效评价与管理研究［D］. 广州：广东工业大学，2008.

［23］郭春，王萍，张光明. 技术消化吸收对自主创新能力影响的实证分析［J］. 价值工程，2009（5）.

［24］孙巍. 沈阳市科技创新能力的竞优分析及对策［D］. 沈阳：东北大学，2009.

［25］李光泗. 大中型工业企业技术引进及其绩效分析［J］. 科技进步与对策，2009（20）.

［26］金为民. 中国技术市场现状分析及发展原因探析［D］. 合肥：中国科学技术大学，2009.

［27］张蕊. 固定资产投资与经济增长关系的实证研究——以山东省为例［D］. 济南：山东大学，2009.

［28］罗伯特. J. 巴罗. 宏观经济学：现代观点［M］. 沈志彦，陈利贤译. 上海：上海人民出版社，2009.

［29］彭坤. 辽宁省装备制造业技术创新政策分析［D］. 沈阳：东北大学，2010.

［30］穆树川. 河南省经济增长与发展的影响因素分析［D］. 郑州：河南大学，2010.

［31］马文琦. 辽宁老工业基地高新技术产业创新政策研究［D］. 沈阳：东北大学，2010.

［32］高源，徐慧超，范玉涛. 辽宁省技术进步贡献率的测算与分析［J］. 辽宁师范大学学报，2012（2）.

［33］高爽. 新疆科技人力资源发展对策研究［D］. 武汉：武汉理工大学，2012.

［34］黄会祯. 河北省人力资本问题与对策研究［D］. 石家庄：河北经贸大学，2012.

［35］焦朝霞. 辽宁高新技术产品出口存在的问题及对策分析［J］. 对外经贸实务，2012（12）.

［36］李冉冉. 辽宁省财政科技投入问题研究［D］. 沈阳：辽宁大

学，2012.

［37］仲晨. 辽宁省人口结构变化对经济增长的影响研究［D］. 沈阳：辽宁大学，2013.

［38］房甜甜. 青岛市科技投入现状、问题及对策研究［D］. 青岛：青岛大学，2013.

［39］王熠. 科技人才开发投入与经济增长关系的实证研究——以东部 10 省、市为例［D］. 青岛：中国海洋大学，2013.

［40］何宽. 基于索罗模型的浙江海洋科技进步贡献率研究［D］. 舟山：浙江海洋大学，2013.

［41］曹欣. 人口老龄化对经济社会发展的影响及对策研究——以盐城市为例［D］. 苏州：苏州大学，2013.

［42］罗文英. 对索罗经济增长模型稳态零增长率的再思考［J］. 当代财经，2013（7）.

［43］文慧霞. 1997~2011 年我国专利产出与经济增长效率的关系研究［D］. 太原：山西财经大学，2013.

［44］倪志敏，田愉. 科技进步环境对经济社会发展的影响［J］. 科技管理研究，2014（4）.

［45］徐士元，何宽，樊在虎. 对科技进步贡献率测算索罗模型的重新审视［J］. 统计与决策，2014（4）.

［46］崔诗禹. 基于人力资本视角的辽宁经济增长研究［D］. 沈阳：辽宁大学，2015.

［47］林蔚. 我国高新技术产品出口的现状、问题及对策研究［D］. 北京：首都经济贸易大学，2015.

［48］李丹. 对辽宁经济现状及出路的研究［J］. 财经界，2015（24）.

［49］解静. 劳动力对经济增长的贡献研究［D］. 南京：南京大学，2015.

［50］赵玉红. 新一轮东北振兴中促进辽宁经济增长对策［J］. 党政干

部学刊，2016（7）.

[51] 单丽娟，李大庆，李庆满. 东北振兴背景下辽宁高新技术产业发展研究［J］. 渤海大学学报，2016（2）.

[52] 中华人民共和国统计局网站. http：//data. stats. gov. cn.

[53] 辽宁省统计信息网站. http：//www. ln. stats. gov. cn/.

[54] 中华人民共和国沈阳海关网站. http：//shenyang. customs. gov. cn/publish/portal102/.

[55] http：//baike. baidu. com/link? url = Z0UGzFvPPHCBgqEj - AYdT _ s2jo4SfAG4iwEczXgX1B3BobYuzKXMDk2vftdvxyTQqjE989WNOs8 uiv-sA9GI8Va.